영원한 공직

공직의 잃어버린 정체성을 찾아서

공직의 잃어버린 정체성을 찾아서

영원한 공직

이수태 지음

영원한 공직

2013년 11월 18일 초판 1쇄 발행

지은이   이수태
펴낸이   이문수
교정·편집 이만옥
펴낸곳   바오출판사

등록   2004년 1월 9일 제313-2004-000004호
주소   서울시 마포구 연남동 567-39 301호(121-869)
전화   02)323-0518 / 문서전송 02)323-0590
전자우편 baobooks@naver.com

ⓒ 이수태, 2013

ISBN 978-89-91428-14-0 03350

김일천 국장님께

머리말

　나는 살아오면서 주변으로부터 이상주의자라는 얘기를 많이 들어왔다. 내 스스로 그런 자의식을 가졌던 첫 기억은 중학생 때였다. 긴 등하굣길에서 온갖 백일몽으로 늘 머릿속을 가득 채우곤 했다. 그 백일몽 가운데에서 나의 이상주의가 자랐던 것 같다. 나이가 들고 현실과 씨름하면서부터 더 이상 그런 자의식을 갖지는 않았던 것 같은데 남들은 여전히 그 점을 지적했으니 그것을 끝내 버리지는 못했던 모양이다. 어쨌든 그 불편한 짐을 안고 나는 공직 32년의 긴 길을 걸어왔다.

　퇴직을 앞두고 나는 공직자로 살아온 지난 세월을 돌아보았다. 그 세월동안 나는 무엇을 했으며 무엇을 이루었던가? 보람은 적었고 아쉬움은 컸다. 내가 이런 글을 이 나라 공직사회에 남기고자 생각한 것은 그런 아쉬움 내지 회한에서 비롯되었던 것 같다. 그때부터 나는 마지막 안간힘으로 떠오르는 생각들을 조금씩 메모하기 시작했다. 그렇게라도 하지 않으면 나는 내 공직을 마무리할 수 없을 것 같은 강박감이 내 등을 그렇게 떠밀고 있었다.

지난해 6월말, 나는 드디어 공직에서 물러났다. 그리고 그동안 모아놓은 백수십여 꼭지의 메모를 토대로 집필에 들어갔다. 글을 쓰는 일은 생각보다 어려웠다. 몸은 은퇴를 했지만 마음은 여전히 공직에 남아 다시 지난날의 그 격한 상념에 휩싸이면서 의욕과 낙담이 변덕스럽게 교차하는 기묘한 1년을 보내야 했다.

글을 쓰기 시작하던 초입에 나는 집필에 참고하고자 그동안 유사한 내용의 책이 나온 것이 있는지 찾아보았다. 결과는 뜻밖이었다. 건국 이후 환갑의 세월이 훨씬 지났음에도 불구하고 이런 책이 한 번도 나온 적이 없다는 것을 확인했기 때문이다. 공직자들이 쓴 책은 많았고 개중에는 고위 인사들의 책도 적지 않았지만 그 대부분은 공직 자서전이었다. 극히 일부가 청렴이나 공직자의 마음가짐 내지 처신의 문제를 다루고 있었을 뿐이었다. 전례가 없음을 확인하고 나니 글에 대한 의무감은 점점 무겁게 다가왔다.

문제는 나의 능력이었다. 글을 쓰는 내내 좀 더 명쾌하게 모든 사안을 꿰뚫어보지 못하는 나의 무딘 안목이 원망스러웠다. 스스로 제기해놓은 문제 앞에서 망연자실하는 시간도 많았다. 쓰다가 중단하고 중단했다가 다시 쓰기를 여러 차례 반복하며 1년여가 지나갔고 겨우 이 초라한 그림이 그려졌다. 눈물이 핑 돌던 순간들, 다 찢어버리고 싶던 순간들이 어떻게 녹아들어가 있는지 돌아보기에는 지금은 그저 모든 것이 얼얼할 따름이다.

나의 글에는 구체적인 것이라고는 아무것도 없다. 재미있는 공직

사례도 없다. 처음부터 나는 나의 경험담을 얘기하고 싶지는 않았다. 그렇다고 해서 무슨 공직 교과서를 만들자는 것도 아니었고 체계 있는 이론을 구성하자는 것도 아니었다. 단지 나는 이 나라의 모든 공직자들과 마찬가지로 나의 공직 현장에서 어느 한순간 진지하게 떠올랐다가 다음 순간 허무한 백일몽처럼 꺼져갔던 수많은 생각들을 포착하여 가시화하고 공론화해보고 싶었을 뿐이다. 그 생각 속에서 나는 어쩌면 많은 공직자들이 자신들의 유사한 생각을 떠올리지 않을까, 어쩌면 우리 공직의 잃어버린 정체성을, 그 어렴풋한 뒷모습이나마 발견하지 않을까 감히 희망해보는 것이다.

나는 국가의 요직을 맡았던 사람이 아니다. 높은 지위에 올랐던 사람도 아니다. 다만 내세울 것이 있다면 한순간도 내가 공직자라는 사실을 잊어본 적이 없었다는 사실, 내 나라에 대한 관심을 그쳐본 적이 없었다는 사실 정도다.

이 책을 조마조마한 마음으로 세상에 펴내는 지금도 나는 그저 이책이 내 나라가 잘 되는 데에 조금이라도 기여할 수 있기를 바랄 뿐이다. 왜냐하면 그것이 어린 시절부터 가졌던 내 꿈의 한 자락이기 때문이다. 나는 정말 내 나라가 잘 되기를 바란다. 감히 강대국이 되기를 바라지는 않지만 주변의 그 어떤 나라로부터도 무시당하지 않는 나라, 깊이 생각할 줄 아는 나라, 정의가 면면히 흐르는 나라, 그리고 자랑스런 통일조국에의 꿈을 잃지 않는 나라가 되기를 바란다.

이 글에 주목받을 무언가가 조금이라도 있다면 그것은 나와 많은 경험을 공유했던 분들의 덕분이 아닐 수 없다. 긴 세월 동안 함께 애쓰고 고민했던 국민건강보험공단과 건강보험심사평가원, 그리고 보건복지부의 많은 분들께 진심으로 감사를 드린다. 그리고 무더운 날씨에도 불구하고 긴 글을 미리 읽고 소중한 의견을 들려주셨던 분들께도 다시 한 번 감사의 말씀을 드린다.

2013. 10.

이수태

차례

1

공직자여 의연하라

여유를 가져라

공조직의 구성원 중에는 출근시간보다 엄청나게 이른 시간에 출근을 해서 일을 시작하는 사람이 있다. 아침형 인간이 되어 일찍 출근하는 것을 더 좋아하는 사람도 있고 도시에서는 교통사정 때문일 수도 있으니 조기 출근은 대부분 양해가 가능할 것이다. 그러나 남들이 다 퇴근한 시간에도 늦게까지 불을 켜놓고 10시, 11시까지 일에 파묻혀 사는 사람이 있다. 또 그런 사람을 높이 평가하는 상사가 있는가 하면 더 나아가 직원들에게 그런 복무태도를 노골적으로 요구하는 상사도 있다.

사실 잠자는 시간마저도 극소화시켜가며 거의 하루 종일 일에만 매달려 사는 사람들이 있지만 그들을 모두 '일중독'이라는 비하적 표현으로 묶는 것은 무리한 일이다. 특히 CEO급 인사들 중에는 바로 그런 왕성한 활동을 통해 기적에 가까운 위업을 이룬 사람들도 적지 않기 때문이다. 두바이의 통치자 셰이크 모하메드나 스티브 잡스와 함께 애플을 이끌었던 팀 쿡 같은 사람도 유명한 일벌레였다. 중국의 진시황도 밤늦은 시간까지 잠도 자지 않고 서류를 꼼꼼히 검토하는 대표적인 일벌레였다. 그가 만약 그렇게 하지 않았다면 중국 통일의 그 엄청난 위업을 달성하지 못하였을 것이다. 그러므로 잠자는 시간까지 줄여가며 상상을 초월할 정도로 많은 일을 한다고 하여 다 일벌레나 워커홀릭이라는 표현으로 비하할 일은 아니다.

그러나 일중독이라는 표현에는 그에 해당하는 사람에 대한 문제적 인식이 있고 더러는 병적으로 바라보는 시각이 포함되어 있는데 그것 또한 공연히 발생한 것은 아니다. 일중독의 영어 표현 '워커홀릭Workaholic'은 미국의 종교심리학자 웨인 오츠Wayne E. Oates가 처음 사용한 말로서 일Work과 알코올 중독alcoholic을 합성하여 만든 조어다. 마치 알코올 중독자가 술을 마시지 않으면 공연히 불안하고 소외감을 느끼는 것처럼 오직 일에 휩싸여 있을 때에만 안정감을 느끼며 일에서 벗어나면 마치 무장 해제된 것처럼 무력감에 빠지고 정체성에 심각한 혼선을 겪는다면 이는 말 그대로 일중독이고 워커홀릭이 아닐 수 없을 것이다. 그래서 꼭 일중독에 대한 경계 때문만은 아니었지만 나는 종종 조직 후배들에게 다음과 같은 말을 제법 진지하게 들려주곤 했다.

"일에는 자기 관심의 80% 정도만 투입하는 것이 좋다."

인간은 어차피 일만 하는 존재가 아니고 조직에만 얽매여 사는 존재도 아니다. 일과 조직만이 자기 삶의 모든 것이나 되는 것처럼 여겨도 인간다운 삶이 보장된다면 나도 구태여 자기 관심의 80%만 기울이라고 하지 않을 것이다.

그러나 인간에게는 일 이외에도 가정이 있고 이웃이 있고 우정과 사랑이 있고 예술과 문화가 있고 사회와 국가가 있고 인류가 있는 것이다. 그것들이 그 나름대로 필요한 역할을 하고 몫을 할 때에만 일도 조직도 원활히 움직이는 것이다. 그렇지 않아도 모든 일에는 마취 효과가 있다. 특히 농업이나 단순 작업 등이 가지는 마취 효과는 결코 만만치가 않다. 엄밀하게 그것이 각 개인에게 가지는 의미를 따져보면 치명적일 정도다. 20%의 여지를 남겨 일과 조직 이외의 이런 관심사들이 건전히 유지될 수 있을 때 균형된 자아가 형성될 수 있고, 그 균형된 자아를 바탕으로 일도 조직도 더 건강한 모습으로 유지될 수 있는 것이다. 임의로 정한 80%와 20%이지만 그 두 영역이 적절히 교호할 때에만 인간도 사회도 건전하게 유지된다는 것을 유념할 필요는 크다.

사람은 보통 40세 전후에서 사회적 존재로서의 정체성을 가장 강하게 느낀다. 그래서 그 어간에 자신도 모르는 사이에 일중독자가 되고 자신을 철저히 사회적 관계에서만 파악하게 되고 거기에서 힘을 느끼거나 무력을 느끼고 더 나아가 그 좁은 사회에서 신분 상승의 욕구도 갖게 되기 쉽다.

심지어 어떤 이는 그런 일중독 상태에서 가정의 파탄을 맞기도 한다. 직무적 관계 이외의 모든 관계가 도외시되면 그런 일이 일어나는 것도 무리가 아닐 것이다. 그래서 옛 사람들도 그 균형을 잃을까 염려하여 이렇게 노래한 것이 아닌가 한다.

두 이랑의 밭이 많지는 않으나 그 절반은 꽃을 심으리로다.
二頃無多 半種花.

예의는 명령보다 힘이 있다

공조직에서 예의를 운영상 중요한 변수로 다루는 것은 행정학 교과
서에도 거의 등장하지 않는다. 그것은 예의가 개인적 미덕의 영역으
로 간주되어온 탓도 있고 또 주로 동양의 전통으로 취급되어온 탓도
있을 것이다. 그러나 조직이 운영되고 있는 양상을 관찰해 보면 조직
에서 예의라는 것이 얼마나 중요하고 결정적인 역할을 하는지 절실
히 느끼게 되는 경우가 많다.

단적으로 조직의 리더가 높은 예의 감각을 가지고 있고 그에 걸맞
은 기준을 지키려 애를 쓰는 경우 그 조직은 매우 원활하고 유기적인
조직력을 갖추게 된다. 반대로 조직의 리더가 평소 예의를 잃고 무분
별하게 행동을 한다고 생각해보자. 말할 것도 없이 조직은 늘 덜컹거
리게 되고 조직 일상은 피곤하게 될 것이다.

예의에는 보이지 않지만 매우 강력한 조정력이 있다. 예의를 잘 모

르고 예의에 맞게 행동하지 못하는 사람마저도 리더를 위시한 다른 조직원들의 언행이 예의에 맞느냐 맞지 않느냐 하는 문제에 대해서는 의외로 민감한 감수성을 발휘하는 것을 볼 수 있다. 그것은 모든 사람은 생래적으로 각자가 생각하는 것보다 높은 수준의, 균제를 파악하는 능력을 가지고 있음을 말해준다. 사실 이 숨은 능력이 조화롭게 계발된 사회와 그렇지 못한 사회가 있는데 문화적 선진국과 후진국의 차이도 바로 거기서 오는 것이라 할 수 있다.

예의가 가지는 자연스러운 조정력은 명령이 가지는 타율적 강제력보다 비할 바 없이 크고 포괄적이다. 그 힘은 자발적 그리고 반무의식적으로 형성되고 발휘된다는 특성을 가지고 있다. 이를테면 서양인으로서 동양의 예의가 가지는 사회적 힘이 얼마나 강하고도 조화로운 것인지 경이롭게 주목한 허버트 핑가레트Herbert Fingarette는 그 경이로움을 다음과 같이 표현하고 있다.

"잘 학습된 예의에 있어서는 모든 사람은 그렇게 하도록 되어 있는 행동양식대로 행동한다. 거기에서는 강박, 요구, 강제 또는 인위적인 유도가 아니라도 나의 행위와 상대방의 행위가 잘 조화된다. 전혀 아무런 노력을 하지 않고도 그 예의에 참여한 다른 사람의 예의 있는 행위에 이어서 차례대로 나의 예의 있는 행위가 자연스럽게 이어진다. …… 강압의 힘은 명백하고 실체적이지만 예의 속에서 작용하는 거대하고 성스러운 힘은 눈에 보이지 않고 실체가 없는 무형의 것이다. 예의는 경건한 존엄성에 바탕을 둔 자발적인 상호질서를 통하여 행해진다. 거룩한 예의의 극치는 정신적일 뿐만 아니라 심미적이기도 하다. …… 내가 내 연구실에서 강의실로 책을 가져오기를 원한다고 가정해보자. 나는 강의실에 있는 학생 중 한 사람에게 책을 가져왔으면 좋겠다는 나의 바람을 적절하고 점잖은 예의로 표현하기만 하면 된다. 강요하거나 위협하거나 속일 필요도 없고 내 자신이 더 무엇을 할 필요도 없다. 이것은 인간에게 있어서 어떤 일을 이루어내는 독특한 한 방식이다." 『Confucius : The Secular as Sacred』

예의는 조직구성원들 간의 사사로운 행동의 문제에만 국한되는 것이 아니다. 예의는 인간적인 것이면서 동시에 사회적인 것이기 때문이다. 하나의 사업계획도 그 추진도 더 나아가 조직 체계도 예의의 차원에서 검토될 여지가 있다. 우리가 동양 전통의 깊은 지혜를 오늘에 되살릴 수만 있다면 인간사의 모든 것이 예의라는 보이지 않는 균형 속에 있어서 그로부터 벗어날 수 있는 것은 아무것도 없다는 것을 발견할 수 있을 것이다.

의전은 예의를 조직운영의 절차와 규범에 맞게 의도적으로 구체화시킨 것이다. 의전은 조직 내의 민감하고 거친 권력관계를 조화롭게 배치하면서 더 나아가 아름답게 직조하는 기전이다. 의전이 균형을 잃거나 불확실하게 방치되어 있으면 조직은 금방 거친 권력관계의 속성을 드러내게 된다. 그것이 형식만으로 흘러갈 위험은 언제나 유의해야 하겠지만 그보다 더 중요한 것은 그 안에 균형과 조화를 추구하는 인간의 저울질이 부단히 살아 있어야 한다는 사실이다.

적이 없다는 소리를 듣는 것은
부끄러운 일이다

오늘날 사람들은 향원鄕愿이라는 말을 잘 모를 것이다. 그러나 조선
조에는 글을 좀 읽었다는 사람이면 다들 아는 말이었다. 왜냐하면 그
말은 『논어』에도 나오고 『맹자』에도 나오기 때문이다. 논어에 나오
는 이 말은 공자의 "향원은 덕의 도적이다(鄕愿,德之賊也)"라는 말로
서 원래는 시골에서 주위로부터 근후하다는 평을 듣는, 대인관계가
두루 원만하고 부드러운 사람을 의미했다. 부연하자면 시골 마을 어
디에나 가면 한두 명쯤 만날 수 있는 "후덕해 보이는 사람"으로 누구
에게서도 욕을 먹지 않고 어떤 일에서도 모나지 않고 신중한 사람이
향원이었던 것 같다. 공자는 바로 향원이 후덕해 '보이는' 사람이었
다는 점에서 "덕의 도적"이라는 표현으로 그런 사람을 비판했던 것이
다. 맹자는 공자의 그러한 생각을 조금 더 구체화하고 있다.

만장이 물었다.

"한 마을이 다들 좋은 사람이라고 일컫는다면 어디에 내놓아도 좋은 사람일 텐데 공자께서 그를 두고 덕의 도적이라고 한 것은 무엇 때문입니까?"

맹자께서 말씀하셨다.

"(향원은) 비난하려 하여도 딱히 비난할 거리가 없고 풍자하려 하여도 딱히 풍자할 빌미가 없으며 속된 흐름에 동조하고 혼탁한 세상에 영합하여 일상적 삶은 충신한 듯하고 행위는 청렴결백한 듯하다. 사람들이 다 좋아하고 스스로도 그렇게 믿지만 그와 함께 요순의 도에 들어갈 수는 없기 때문에 덕의 도적이라 한 것이다. 공자께서 말씀하시기를 '비슷하지만 아닌 것(似而非)를 미워한다. 강아지풀을 미워하는 것은 그것이 벼와 혼동될까 염려해서이고 달변을 미워하는 것은 그것이 옳은 것과 혼동될까 염려해서이고 정나라 음악을 미워하는 것은 그것이 아악과 혼동될까 염려해서이고 자주색을 미워하는 것은 그것이 붉은 색과 혼동될까 염려해서이고 향원을 미워하는 것은 그들이 유덕자와 혼동될까 염려해서이다.'"(『맹자』 진심 하)

결론적으로 향원은 사이비 유덕자, 즉 "덕이 있는 사람과 비슷하지만 아닌 사람"이라 생각하면 될 것이다.

조직에도 향원은 있다. 어쩌면 더 많고 조직이야말로 향원을 만들어내는 온상이라 할 수도 있다. 서로 복잡하게 뒤엉켜 옳고 그름과 득실을 따질 일이 다른 어느 곳보다 많기 때문이다.

조직을 둘러보면 좋은 것이 좋은 것이라는 원칙에 따라 움직이는 사람이 많다. 그들은 주위 사람들이 좋아하는 대로 움직인다. 그들은 자신의 입장을 명확히 밝히는 일이 거의 없다. 있다면 남들이 대부분 그렇게 생각하여 입장을 밝히더라도 아무 탈이 없을 때만이다. 그들은 웬만해서는 "아니오"라고 하지 않는다. 무어라 늘 길게 이야기는 하지만 분명한 결론이 무엇인지 알기 어려우며 어떠한 비난도 교묘히 피한다. 남을 드러나게 비난하는 일도 없다. 주위로부터 "저 사람은 도무지 적이 없어" 하는 소리를 듣는다. 그래서 때로는 "저런 사람이 덕 있는 사람이 아니라면 누가 덕 있는 사람인가" 하는 착각을 불러일으킨다. 과연 대단하지 않은가!

주목할 것은 맹자가 말한 바처럼 향원은 스스로도 자신이 원만하고 무리 없이 처신하는 특별한 지혜를 가지고 있다고 생각한다는 것이다. 그래서 공자는 "마을 사람들이 다들 좋아한다면 어떻습니까?" 하는 자공의 질문에 이렇게 대답하였던 것이다.

"마을 사람들 중에서 선한 사람은 좋아하고 불선한 사람은 싫어하는 것만 못하다." (『논어』 자로/24)

한 마디로 적이 없다는 소리를 듣는다는 것은 엄밀한 의미에서 부끄러운 일이고 불명예스러운 일이다. 그러므로 스스로 원만하고 무리 없이 처신한다고 자신하는 사람들은 그 점에서 한번쯤 다음과 같이 자문해볼 일이다.

"나는 과연 불선한 사람들이 싫어할 만한 사람인가? 그만큼 중심을 잡고 사는 사람인가?"

상벌은 소인의 일이다

일반적으로 신상필벌은 조직을 움직이는 데에 있어서 반드시 지켜야
할 원칙으로 알려져 있다. 상벌이 엄정하지 않으면 조직은 행동의 기
준을 잃게 된다. 엄정한 상벌은 그만큼 조직운영의 기초라 할 수 있
다. 그러나 동시에 그것은 조직운영의 하한선이다. 그 점을 분명히 해
둘 필요가 있다. 흐트러지고 원칙이 확립되지 않은 조직에서 신상필
벌은 조직의 중심을 잡게 하는 중요한 원칙이지만 결코 그 이상의 것
은 아니다. 그 점에서 상벌은 역시 법가法家의 본령이다. 조직이 어느
정도 안정된 수준에 올라갈 때까지는 상벌의 역할이 분명히 있지만
그 이상으로 올라가는 데에는 어쩔 수 없는 한계를 가지고 있다.

　신라의 화랑으로 제8대 풍월주風月主이기도 했던 문노文弩는 전쟁
에서 혁혁한 공을 세웠지만 그에 따른 보상이 주어지지 않았다. 문노
는 아무런 불평을 하지 않았지만 그의 추종자들이 격렬히 불만을 터

트렸다. 그러자 문노는 추종자들에게 이렇게 말했다.

"무릇 상벌이라는 것은 소인의 일이다."

夫賞罰者乃小人之事也.

　법가에서 최고의 수단으로 삼고 있는 상벌을 소인의 일로 보는 것은 한 차원 높은 정신에 의해 움직여지고 있다. 그것은 나라에 대한 헌신은 상으로 다 보상될 수 없는 더 높은 소명에 따른 것임을 아는 정신이다. 역으로 그 소명이 결여되어 있는 것 또한 벌로 다 다스릴 수 없는 부끄러움임을 아는 정신이기도 하다.

　상과 벌을 공功과 과過에 기계적으로 적용하기 시작하면 나라에 대한 헌신은 상벌에 대응하는 조건반사적 행위로 굳어지고 만다. 거기에서의 모든 선택과 행동은 수준 높은 사려에 이를 것도 없이 사려 이전의 조건반사로 길들여지는 것이다. 작고 짧은 무언가라면 모르겠지만 크고 긴 무언가를 바란다면 상벌만으로는 부족하다는 것을 알아야 한다.

　상벌의 보다 일상적인 행태인 칭찬과 질책도 마찬가지다. 조직관리 이론에서 그동안 칭찬은 과다하게 의미 부여를 받아왔다. "칭찬은 고래도 춤추게 한다"는 말이 한동안 값싸게 조직사회를 풍미하기도 했다. 주로 미국 사회에 기반을 둔 경영 이론이 무분별하게 유포된 결과라고 봐야 할 것이다. 칭찬은 확실히 행위자를 고무하고 그런 역할을 통하여 조직의 지향점을 드러내는 기능을 갖는다. 그러나 매우 상식적인 하한선 이내에서만 그러할 뿐이다. 그렇기 때문에 칭찬이 효과적인 기능을 갖는 것은 주로 어린아이들에 대해서만이다. 사려할 줄 아는 성인들에게 칭찬은 일정한 하한선 안에서만 기능을 가진다. 칭찬에 그 이상의 기능과 역할을 부여하면 그때부터 칭찬은 한계를 드러내게 된다. 칭찬은 인간의 행위와 그 동기 속에 가로놓인 복합적이고 총체적인 의미망을 모두 담아낼 수가 없다. 그 속에 지나치게 모든 것을 담으려 하면 칭찬은 어느덧 역겨운 무언가가 되고 만다.

질책의 경우도 유사한 논리가 적용된다. 조직 내 인간으로 하여금 일정한 행위에 대한 금지나 절제를 요구하는 데에 벌이 한계를 가지듯 질책도 역시 한계를 가진다. 하지 말아야 할 것은 해야 할 것과 맞붙어 있는 것으로 조직인의 총체적 인식에 의해 결정된다. 그 인식에 기여하는 한 질책도 의미를 가지지만 그 인식에 기여하지 못하는 한 질책도 그 단계에서는 스스로를 지양해야 하는 것이다.

조직관리의 오래된 원칙인 '당근과 채찍'도 마찬가지로 이런 문제점에 걸려 있다. 그것이 필요한 것은 사실이지만 그것만으로 조직이 관리되지는 않는다. 그것만으로 조직을 관리하려고 들면 그러는 리더는 자신의 소인됨이 드러나게 되고 또 그런 지휘를 받는 조직인들에 대해서는 그들의 소인성만 육성하는 결과가 될 것이다.

상벌도, 칭찬과 질책도, 당근과 채찍도, 불필요하다는 말은 아니다. 다만 그것의 능과 불능을 알아야 한다는 것이며 그것이 하한선의 원칙임을 알아야 한다는 것이다. 그 점에서 조직운영 상 상벌은 하한선으로 늘 가동이 되고 있어야 한다. 다만 그 이상의 정신이 함께 작용하고 있어야 한다는 것이다. 하한선 이상은 하한선을 포함하지만 하한선은 그 이상을 당연히 포함하지는 못한다. 그 이상의 정신이 작용하고 있을 때에는 당근도 당근처럼 보이지 않고 채찍도 채찍처럼 보이지 않는다. 이 말은 결국 당근이 당근처럼 보이고 채찍이 채찍처럼 보이는 한 아직은 하한선에 집착하고 있는 소인의 정신이지 그 이상의 정신은 아니라는 뜻이기도 하다.

승진할 때가 있다면

승진이란 객관적으로 볼 때 조직생활자가 경력을 쌓여감에 따라 자연스럽게 맞이하게 되는 직급 조정이므로 자연의 순리라 해도 크게 과언은 아니다. 그러나 공직자 개개인에게는 결코 자연으로 느껴지지 않는 매우 큰 관심사가 된다. 아무리 승진에 초연한 사람도 어깨를 나란히 하던 동료들이 하나둘 승진하기 시작하면 신경을 쓰지 않을 수 없게 되는 것이 보통이다. 그래서 공직자 개개인의 입장에서 또는 승진을 시키는 인사권자 입장에서 승진이라는 것을 어떻게 바라보고 임해야 할 것인지 생각해볼 필요가 있다.

먼저 나는 모든 공직자들이 승진에 대해서 초연할 수만 있다면 가급적 초연하기를 바란다. 그것은 승진이라는 것이 신경을 쓴다고 해서 더 잘 되는 것도 아니면서 신경을 잘못 쓰면 사람을 매우 초라하게 만들기 때문이다. 공직생활을 해보면 공직에 몸담고 있으면서 동시에 자유로운 정신을 보전한다는 것이 얼마나 어려운 일인지를 알 수 있다. 오죽하면 도연명도 자신의 〈귀거래사〉에서 벼슬살이에 대해 "마음으로써 육신의 노예를 삼았으니(以心爲形役)" 하고 노래하였을까. 거기에는 자기 자신과의 남모르는 싸움이 있고 인간적 존엄을 지키기 위한 안간힘이 있는데 승진에 대한 관심은 그것을 결정적으로 황폐화시키기 쉬운 것이다.

그럼에도 불구하고 간혹 "울지 않는 아이 젖 안 주더라" 하는 속된 논리에 좇아 자신이 승진을 간절히 원하고 있다는 사실을 의도적으로 노출시켜 인사권자로 하여금 부담을 갖게 하는 경우를 본다. 이해는 하지만 매우 안타까운 일이다. 가장 바람직한 것은 단지 드러내지 않는 정도가 아니라 일에 대한 관심과 열정이 속마음에서부터 그런 문제를 초극하는 것임을 분명히 말해두고 싶다.

그 우선순위가 전도될 경우에는 일에 사邪가 개입되기 쉽다. 승진을 앞두고는 물의를 야기하기 쉬운 일을 회피하려 한다거나 상사가 시키는 일에 대해 웬만해서는 "노No"라고 하지 않으려 하는 것은 흔히 볼 수 있는 부정적 사례다.

본인의 입장에서는 승진이 다소 늦어지는 것이 어떤 불합리한 이유 때문으로 보여 번민도 하고 누군가를 원망도 하지만 좀 더 시야를 넓혀 긴 시간을 두고 보면 실상 별것 아닌 오십보백보의 문제에 불과한 경우가 많다는 점도 반드시 기억해둘 필요가 있겠다.

객관적인 입장에서 보아 '승진할 때'라는 것이 있을까? 나는 있다고 보는 입장이다. 그러면 그때가 언제인가? 다소 엉뚱하게 들릴지 모르지만 상사들이 일하는 것이 도무지 성에 차지 않고 불만스러운 일이 자주 발생하게 되면 그때가 바로 승진할 때다. 왜 일을 저렇게밖에 못할까? 내가 저 자리에 있다면 훨씬 더 잘 할 텐데 하는 생각이 자주 들면 승진을 할 때가 된 것이다.

공직생활도 길게 보면 보통 30년 안팎의 긴 사회생활이다. 처음 공직에 몸담을 때는 사실 아무것도 제대로 모르는 상태지만 30여 년의 조직생활을 하는 동안 마치 어린아이가 태어나서 긴 세월에 걸쳐 육체가 자라는 것처럼 판단력이나 이해력, 추진력, 전후좌우를 고려하는 능력, 일의 매듭을 풀어가는 능력 등 조직인으로서의 각종 능력이 꾸준히 성장한다고 볼 수 있다. 우리 눈에 보이기로는 늘 그 사람이 그 사람 같고 그 능력이 그 능력 같지만 사실은 한 해 두 해가 다르게 그런 능력은 성장한다고 보아야 할 것이다. 그래야 아무것도 모르던 신출내기가 30여 년 만에 조직의 동량감으로 변모하는 것이 가능하기 때문이다. 당연히 그 성장이 빠른 사람이 있고 늦거나 정체되는 사람이 있다. 상사들의 하는 일이 직성에 차지 않고 '차라리 내가 한다면 더 잘 할 텐데……' 하는 생각이 드는 것은 마치 자라는 아이가 저도 모르게 입은 옷이 몸에 끼이면서 활동상 불편을 호소하는 것과 비슷한 현상이라 하겠다.

이런 상황을 입장을 바꾸어 인사권자의 입장에서 보면 어떤 시사점을 가질까? 승진은 승진을 하고 싶어 안달이 난 사람에게 주어질 것이 아니라 승진을 하지 않으면 높아진 안목과 커진 관심 그리고 넘치는 열정을 감당하지 못하게 된 사람에게 주어져야 한다는 것이다. 마치 어린아이가 몸이 자라 상대적으로 작아진 옷에서 단추가 떨어지고 바지 재봉이 뜯어지는 것 같은 현상을 직원들의 역할에서 정확히 발견할 수 있어야 한다는 것이다.

　또 승진을 위한 판단에서는 지금 현재의 상황만이 아니라 승진을 시켰을 경우 승진한 상황에서의 역량을 판단할 줄 알아야 한다는 것도 중요한 고려사항이다. 그것은 한 사람을 정태적 상황에서가 아니라 동태적 상황에서 판단할 필요가 있다는 말이다. 잘 할 줄 알고 승진을 시켰는데 막상 승진을 시켜놓고 보면 역량의 부족과 안목의 협소를 현저히 느끼는 경우가 있다. 반대로 잘못 승진시킨 것 같다고 다들 생각하는데 물고기가 물을 만난 것처럼 기량을 발휘하여 인사권자로 하여금 "거봐, 내가 잘 봤지?" 하는 말을 하게 하는 경우도 있다. 그들의 역량을 정태적으로만 판단했느냐 동태적으로 판단했느냐에 따라 나누어진 결과가 아닐 수 없다.

오해를 견뎌라

지위 고하를 막론하고 공직자로 생활하면서 자신이 추진하는 일의 내용이나 목적, 방법을 이해하고 알아주는 사람이 있다는 것은 매우 행복한 일이 아닐 수 없다. 그러나 공직자가 매번 그런 좋은 조건 하에서만 일을 할 수 있는 것은 아니다. 때로는 몰이해와 오해에 둘러싸일 때도 있고 심지어는 질시를 받아 매우 외로운 공직생활을 이어가야 할 때도 있다. 사람에 따라서 또 그 내용에 따라 그것은 단지 외로움 정도가 아니라 매우 고통스러운 것이 될 수도 있다.

이때 모든 공직자들에게 해주고 싶은 말은 그런 상황을 '있을 수 있는 것'으로 담담히 받아들여야 한다는 것이다. 그것을 지나치게 부정적으로 생각하거나 힘들어하지 않아야 하며 그런 상황을 타개하기 위하여 필요 이상으로 애를 쓰지 않아야 한다. 물론 최소한의 소극적 노력은 필요할지도 모른다. 그러나 일정한 정도 이상으로 실망하거나 힘들어하는 것, 그리고 남들에게 자신을 이해시키기 위해 안간힘을 쓰거나 더 나아가 오해에 저항하는 것은 전혀 도움이 되지 않는다.

몰이해나 오해는 조직생활을 하는 공직자에게 일상적인 환경이다. 아니 오히려 진정성이 있으면 있을수록 몰이해나 오해는 그에 비례하여 증대한다고 해도 과언이 아니다. 따라서 그것을 비정상적으로 볼 것이 아니라 당연하다고 보고 의연히 침묵하는 것이 좋다. 공연히 스스로 나서서 애를 쓴다고 해서 상황이 더 나아지는 것도 아니고 오히려 당사자에게 추하고 해로운 결과만 초래한다. 주변의 모든 사람들이 나를 이해하고 호응해줄 것을 기대하는 것은 어쩌면 자신이 아직 공직자로서 걸음마 단계를 벗어나지 못하고 있음을 말해주는 것일지도 모른다.

자신을 남에게 알리려 하는 것은 얼마간의 정당한 이유가 있을 때에도 대부분은 역작용을 낳고 만다. 왜냐하면 그런 노력은 다름 아닌 스스로의 역량을 키우고 반성적으로 자기 자신을 성숙시켜야 하는 보다 근본적인 노력을 저해할 수 있기 때문이다. 그러므로 할 수만 있다면 자신을 알리려는 노력 따위는 일체 기울이지 않는 것이 좋다. 거기에는 몇 가지 기본 인식이 뒷받침되어 있다. 우선 남들의 부정적 인식이 만약 근거가 있고 일리가 있는 것이라면 그것을 계기로 스스로를 고치고 성숙시키는 일이 우선되어야 한다는 것이다. 그리고 만약 그 인식이 정당하지 않다면 그것이 오래 지속되지는 않는다는 사실을 알 필요가 있다는 것이다. 몰이해와 오해는 대개 짧고 아주 길게 이어지는 경우는 드물다. 웬만큼 세월이 가면 진실은 알려지고 오해는 풀리게 되어 있다.

자신을 둘러싼 오해, 자신을 몰라준다고 생각하는 문제는 공직 현장에서 대부분 늦어지고 있는 승진을 둘러싸고 야기되는 경우가 많다. 외부에서 보는 것과는 달리 조직 내부에서, 특히 승진이 늦어지고 있는 당사자에게 승진은 때로 모든 여건을 실제보다 몇 배나 더 크게 보이도록 만드는 이상민감異狀敏感 현상을 야기한다. 오해, 몰이해, 헛소문 등의 절반 이상이 승진을 둘러싸고 발생한다고 해도 크게 틀리지 않을 것이다. 따라서 당사자에게 그것은 매우 엄청난 문제로 부각이 될지 몰라도 실제는 그보다는 훨씬 축소해서 보아야 할 필요가 있는 경우가 많다. 특히 세월이 지나서 그 상황이 해소된 이후에 부끄러운 궤적으로 남을 과민 반응을 하지 않는 것이 매우 중요한 일이다.

공직자로서 오해의 문제 앞에서 의연할 수 있었던 대표적인 인물이 임진왜란 당시의 이순신일 것이다. 그는 자신을 의심하는 선조 임금과 조정 대신들에 대해 일체 구구한 변명을 하지 않았다. 그는 자신의 전략적 판단에 따라 부산포에 웅거하고 있는 왜적들을 치지 않았고 그로 인하여 자신에게 쏟아지는 따가운 눈총을 의연하게 견뎌야만 했다. 만약 이런 문제를 둘러싸고 어차피 받아들여지지 않을 변명을 구구히 늘어놓아 불필요한 논쟁에 휘말렸더라면 그는 억울한 옥살이와 백의종군은 면했을는지 몰라도 오늘날의 이순신이 되지는 못했을 것이다. 진정으로 문제가 되는 것은 언제나 자신의 미진함이고 그것을 넘어서려는 자기추동력일 뿐이다. 이순신에게도 오늘날 그 어떤 공직자에게도 외부의 인식이나 평가는 결코 중요한 변수가 아니다.

조직이라는 곳에서는 어차피 완전한 이해란 존재하지 않는다. 몰이해와 왜곡이 일상적으로 발생하는 곳이 조직이다. 공직자들은 그것을 견딜 의지와 소신이 있어야 한다. 만약 수시로 발생하는 그런 오차들을 일일이 말로 교정을 하려고 들면 조직은 소졸小卒한 자들이 모인 시장판처럼 되고 말 것이다. 필요한 것은 시간을 두고 기다릴 수 있는 인내심과 그리고 행동만이 가지는 독특한 설득력을 믿는 것이다. 그것이 조직에서 살아가는 조직인들의 진정한 힘이다. 그래서 일찍이 공자도 이렇게 말하였던 것이다.

"남이 나를 알아주지 않음을 한탄할 것이 아니라 자신의 능력이 따르지 못함을 한탄하여라." (『논어』 헌문/32)

不患人之不己知, 患其不能也.

공직을 물러나는 그날까지 자신의 능력과 진심을 알아주는 사람이 단 한 사람도 없고 단 한 번도 그럴 기회를 갖지 못한다 할지라도 공직자가 소졸하게 자신을 굽혀 거친 여건에 부화附和하지 말아야 할 이유도 바로 공자가 말한 바에서 멀지 않을 것이다.

창의적으로 일한다는 것

아직 공직생활을 오래 하지 않은 신참들에게는 해당하지 않을지 모르지만 어느 정도 공직생활을 한 사람들이라면 다음과 같이 스스로 자문해볼 필요가 있다.

> 그동안 공직생활을 하면서 "내가 그때 그 자리에 없었더라면 그
> 일도 결코 추진되지 않았을 것이다"라고 자긍할 만한 일이 얼마
> 나 되는가?

일이 크든 작든 상관없다. 다만 다른 사람도 약간만 적극적이었다면 추진할 수 있었을 것이라고 생각되는 일은 제외다. 내가 없었더라면 웬만한 사람은 결코 추진하지 못했을 일 말이다. 나만 그렇게 생각하는 것이 아니라 적어도 가까이 있던 몇몇 사람은 진심으로

그것을 인정할 정도라면 더욱 좋겠다. 그런 일이 있는가? 있다면 얼마나 있는가?

이 질문에 생각나는 일이 거의 없다면 당신은 스스로의 공직생활에 어떤 문제가 있지 않은지 돌아볼 필요가 있다. 물론 담당한 직무가 단순 업무에 불과하거나 다행히 업무가 잘 개발되어 있어 별로 손 댈 일이 없는 경우도 있을 것이다. 따라서 획일적으로 기준을 정하기는 어려운 일이기는 하다. 그렇다 하더라고 매우 오랜 기간에 걸쳐서도 단 한 건도 그런 일이 없었다면 역시 스스로를 의심해볼 필요는 크다. 특히 조직의 하는 일이 중요한 국가 정책의 한 자락이고 그 내용도 만만치 않게 복잡다단한데다 여러 번 중요 보직을 거쳤는데도 그런 사례가 거의 없다면 당신은 창의적으로 일하는 간부는 아닐 가능성이 크다. 특히 조직의 고위 간부로서 평생을 통해 그런 일이 거의 없었다면 당신은 문제 있는 공직자일 가능성도 있다.

반대로 주요 보직을 거칠 때마다 거의 예외 없이 한두 건씩 그런 일들을 추진할 수 있었다면 당신은 매우 창의적인 안목을 가지고 있고 무엇보다 국가와 조직에 헌신하겠다는 의무감과 책임감을 강하게 가진 사람이 아닐까 한다. 다시 말하지만 그때 내가 그 자리에 있지 않고 다른 사람이 있었다면 필시 그 업무는 아직도 추진되지도 개선되지도 않고 구태의연하게 이어지고 있을 것이라 한다면 말이다.

창의적으로 일한다는 것을 사람들은 두뇌의 문제나 창의적인 기질의 문제로 생각한다. 단기적으로 보면 그렇게 보는 것도 무리는 아니다. 그러나 장기적으로 보면 그것은 역시 성실성의 문제이고 더 나아가면 진정성의 문제, 정직성의 문제이고 국가와 국민에 대한 사랑과 헌신, 사명감의 문제가 된다. 두뇌가 그런 착안사항을 가르쳐주는 것이 아니라 내가 국가의 중대한 제도와 국민생활의 밀접한 분야를 맡아 운영하는 책임 있는 공직자라는 생각을 가질 때 그에 따른 책임감과 사명감이 업무의 문제 부분을 밝히고 타개책을 가리켜주게 된다는 것이다.

마음에 국가와 국민이 담겨 있지 않고 엉뚱한 관심이 지배하고 있다면 결코 그런 일이 의식 지평에 떠오르지 않을 것이다. 그러나 책임감과 사명감은 가장 우둔한 공직자에게도 창의적 비전을 안겨주게 되는 것이다. 공직자들로 하여금 국가와 국민에 대해 헌신하는 열정을 일깨워주는 것이 왜 중요한지가 이런 데에서도 나타난다. 모든 정부는 걸핏하면 창의적, 창의적 하며 창의를 거의 습관처럼 말하지만 그것을 위해서 모든 공직자들의 사명감이 순조롭게 발현될 수 있는 여건을 조성해주는 것이 필요하다는 것은 깨닫지 못하고 있다. 창의를 요구하면서 한편으로는 공직사회에 대해 아무 생각이 없이 그저 잊을 만하면 공직기강 확립이니 무사안일 타파니 하고 네거티브한 접근으로 일관한다면 그것은 서쪽을 향하여 해가 뜨기를 바라는 것과 다름없을 것이다.

불의에는 저항하라

내가 중고등학교에 다니던 시절만 해도 공무원은 매우 인기가 없는 직업이었다. 어느 누구도 커서 공무원이 되겠다고 희망하지 않았다. 나도 마찬가지였다. 공무원은 무조건 싫었고 기피해야 할 대상이었다. 돌이켜 생각해보면 그런 선입견의 배경에는 공무원을 철저히 예속된 존재로 보는 시각이 깔려 있었던 것 같다. 바람직하고 이상적인 인간상은 항상 자유와 인격의 독립성이 관련되어 있었고 그런 요소들이 상대적으로 공무원을 예속되고 초라한 존재로 그리고 있었던 것이다.

세월이 바뀌어 지금은 공무원이 인기 직업이 되었다. 특별한 사정이 없는 한 사기업처럼 조기 퇴직을 강요당하지 않는데다 정년이 잘 보장되는가 하면 처우도 옛날처럼 나쁘지 않고 연금제도 등 후생제도도 민간에 비해 매우 탁월하다. 거기다가 국가권력의 행사자로서 누리는 메리트도 만만치 않다. 그러나 이러한 변화에도 불구하고 공무원, 광범위하게는 모든 공직자가 갖는 예속된 존재, 부자유한 인간이라는 운명적 규정은 여전히 공직자를 둘러싼 인식에서 사라지지 않고 있다. 그 이유는 무엇일까?

"공무원은 영혼이 없다"는 말이 한때 인구에 회자되었던 것을 기억할 것이다. 발단은 이명박 정부 초기에 대통령직 인수위원회가 국정홍보처를 상대로 노무현 정부 시절의 정권홍보, 기자실 폐쇄 등에 대해 추궁하자 한 관계자가 그런 말을 했다는 것이다. 그 후 윤증현 기획재정부 장관이 "요즘 공무원들이 영혼이 없다는 얘기가 나오는데 비애를 느낀다"면서 "영혼이 있는 공무원"을 직원들에게 강조하면서 더 유명세를 타게 되었다. 그런데 얼마 후 윤 장관은 자신이 극력 반대하던 중소기업 감세 정책을 청와대의 입장이 완강하다 하여 어느 날 갑자기 찬성하는 쪽으로 선회하였는데 그러한 소신을 바꾼 배경을 추궁하는 국회 질의에 대해 그는 이렇게 답했다.

"그래서 공무원은 영혼이 없다고 그러지 않습니까."

이 자조적인 답변은 지금도 관가에 에피소드가 되어 남아 있다. 지금은 고인이 된 시인 김남주의 시에 〈어떤 관료〉라는 시가 있다.

어떤 관료

관료에게는 주인이 따로 없다!

봉급을 주는 사람이 그 주인이다!
개에게 개밥을 주는 사람이 그 주인이듯

일제 말기에 그는 면서기로 채용되었다
남달리 매사에 근면했기 때문이다

미군정 시기에 그는 군주사로 승진했다
남달리 매사에 정직했기 때문이다

자유당 시절에 그는 도청과장이 되었다
남달리 매사에 성실했기 때문이다

공화당 시절에 그는 서기관이 되었다
남달리 매사에 공정했기 때문이다

민정당 시절에 그는 청백리상을 받았다
반평생을 국가에 충성하고 국민에게 봉사했기 때문이다

나는 확신하는 바이다
아프리칸가 어딘가에서 식인종이 쳐들어와서
우리나라를 지배한다 하더라도
한결같이 그는 관리생활을 계속할 것이다

국가에는 충성을 국민에게는 봉사를 일념으로 삼아

근면하고 정직하게!

성실하고 공정하게!

　제목이 '모든 관료'가 아닌 '어떤 관료'지만 모든 공직자는 이 시에서 모욕감을 느낄 것이다. 바로 자기 자신 안에서 그런 요소를 발견하지 않을 수 없기 때문이다. 누가 감히 이 시를 무시하거나 비난할 수 있겠는가? 실제 그런 관료가 있는 것이다. 아무 생각 없이 시키는 대로 움직이는 공직자만 있는 것이 아니라 생각이 없지는 않지만 스스로를 장기판의 졸로 비하하면서 "어쩔 수 없지 않느냐"는 한마디로, 때로는 "내가 하지 않더라고 누군가가 결국은 할 것이다" 하는 궤변으로 줄레줄레 부당한 권력의 지시를 따르는 더 많은 공직자들이 있는 것이다.

　그렇다면 어떻게 해야 할 것인가? 이것은 모든 공직자들에게 남겨진 양심의 문제라고 생각한다. 이런 고민이 비단 오늘날에만 있었던 것은 아니다. 춘추시대 노나라에는 유하혜柳下惠라는 대부가 있었다. 『맹자』의 기록에 의하면 그는 더러운 임금을 섬겨도 부끄러워하지 않았고 아무리 작은 관직이라 하더라도 사양하지 않았다 한다(『맹자』 만장하). 대신 반드시 정도로써만 임하여 위에서 부당한 요구를 하여도 받아들이지 않는 곧은 성격 때문에 있던 자리에서 세 번이나 쫓겨났다는 것(三黜)이 그의 이름과 관련하여 가장 유명한 일화가 되었다. 『논어』에 남아 있는 유하혜 관련 단편은 다음과 같다.

유하혜柳下惠는 사사士師가 되어 세 번 쫓겨났다. 사람들이 말했다.
"당신은 다른 나라로 가버릴 수 없었던가요?"
그가 말했다.
정도를 곧게 지키면서 남을 섬기면 어디로 간들 세 번 쫓겨나지
않겠소? 정도를 굽혀서 남을 섬기려면 하필 부모의 나라를 떠날
이유가 무엇이오?(『논어』태백/2)
柳下惠爲士師, 三黜, 人曰: 子未可以去乎? 曰: 直道而事人, 焉往而不三黜? 枉道
而事人, 何必去父母之邦?

공직자가 되어 백이숙제의 길을 걷기는 어렵다. 그러나 유하혜의
길을 걷는 것은 가능할 뿐 아니라 필요한 일이라고 생각한다. 스스
로를 장기판의 졸이라 비하하며 옳지 않은 일도 묵묵히 추종하는 것
은 결단코 바람직한 사도仕道가 아니다. 스스로 옳은 길을 개척하여
나가는 것을 기본으로 삼고 옳지 않은 일이 강요된다면 단연코 거부
해야 하며 그런 권력의 요구에는 저항하는 것이 마땅하다. 지난날과
같이 부도덕한 권력이 터무니없는 행보를 할 때 요로에 있었던 공
직자로서 삼출지사三黜之士가 있었는지 여부를 나는 잘 알지 못한다.
그러나 만약 그런 사람이 하나도 없었다면 우리의 공직사회는 통째
로 그 치욕을 안을 수밖에 없을 것이다. 굴종이 정당하지 않다면 저
항은 정당한 것이다.
반드시 권력의 부도덕한 행보만 관련되는 것은 아니다. 구체적이
고 세부적인 나라 제도와 관련하여서도 공직자가 자기 소신을 지켜
야 할 때는 의외로 많다. 나라의 온갖 일들을 올바르게 이끌어나가

야 할 위치에 있는 사람으로서 그 올바름을 지키기 위해 한 번도 자신의 직책에서 쫓겨나(黜)본 적이 없는 사람이라면 자신의 행보에 부끄러운 점이 없었는지를 돌아볼 필요가 있다. 이 땅의 거친 공직 발전과정을 생각한다면 오랜 기간 동안 공직생활을 하면서 그런 경험이 한 번도 없었다는 것은 양심을 접고 부끄러운 타협을 하였을 개연성이 높다.

겁 많은 공직자는 아무것도 하지 못한다. 저항의 힘은 의외로 강하다. 만약 우리 공직사회가 그런 용기를 갖추고 있었다면 지난날과 같이 부도덕한 권력이 횡행하지도 못하였을 것이고 그간의 저 숱한 불의도 자행되지 못했을지도 모른다. 공직자는 결코 영혼이 없는 존재가 아니다. 장기판의 졸도 아니다. 스스로가 스스로를 비하하지 않는 한 공직자를 비하할 근거는 어디에도 없다.

중국의 모택동은 어렸을 적 폭군 같은 아버지 밑에서 자랐다. 농사일에 게으름을 부리면 가차 없이 두들겨 맞았다. 한번은 아버지 몰래 농사일을 하는 틈에 좋아하는 삼국지를 읽다가 아버지에게 들키고 말았다. 이제는 죽었구나 하고 도망을 쳤다. 아버지가 뒤쫓아오는데 깊은 못가에 이르렀다. 더 이상 도망을 갈 수도 없는 상황에서 모택동은 돌아섰다. 그리고 이렇게 외쳤다 "거기서 한 발자국만 더 쫓아오면 연못에 빠져 죽어버리겠다"고. 아버지는 더 이상 쫓아오지 않았고 생전 처음 매도 맞지 않았다. 훗날 그는 정당한 저항의 힘이 얼마나 강한지를 그때 처음 알았다고 에드가 스노우Edgar Snow와의 대담에서 회고했다.

정당한 저항의 힘은 강하다. 공직자는 휘두를 수 있는 권력을 가지고 있지 않기 때문에 약해 보이지만 정당한 것을 수호할 때에는 강하다. 약한 듯이 강한 공직의 힘을 우리나라 모든 공직자들도 깨우칠 수 있어야 한다.

지난날, 우리나라도 한때 행정이 정치를 감동시키던 시절이 있었다. 조금 더 구체적으로 말하자면 정치를 오래 하다가 장관으로 임명되어 처음으로 행정의 현장을 접한 사람 중에는 행정이 가지고 있는 대원칙과 기준 그리고 국가와 국민을 향한 기본자세 등에서 감동을 받았다고 말하는 사람들이 적지 않던 시절이 있었던 것이다. 그 자랑스러운 전통이 어느 결엔가 스러지고 있다. 지금은 정치 앞에서 행정이 너무나도 무력하다. 자부심을 잃었다. 굴종의 결과다. 이래서야 되겠는가? 이래서는 안 된다. 긴 기간은 아니었지만 나는 다시 한 번 행정이 그들의 약하지만 무시할 수 없는 강함으로 정치를 바로잡고 그들을 곧추 세우고 그들을 감동시킬 수 있는 날을 꿈꾼다. 왜 불가능하겠는가? 바로 당신이 그렇게 하겠다고 마음먹는 날 그것이 가능해지는 것이다.

1950년대 중반에 문교부 장관을 역임한 최규남 장관(1898~1992)은 재직 시 부처 공무원들에게 이렇게 당부했다고 한다.

"장관은 흐르는 물과 같고 여러분은 물 바닥에 깔린 차돌과 같은 존재입니다. 차돌이 부동의 자세로 안정되면 언제든지 맑고 깨끗한 물이 흐르게 됩니다. 먼저 국가·사회를 생각하고 그 다음 다른 사람, 그리고 맨 마지막으로 나를 생각하십시오."

조직 화합을 위한 포인트들

모든 조직사회가 마찬가지이지만 공조직에서도 화합은 중요한 고려 사항 중의 하나다. 그러면서도 화합은 매우 막연한 목표이고 또 그러다 보니 화합을 추구하기 위한 구체적 방안에 있어서도 누구도 뚜렷한 비결을 내놓지 못하고 있는 것이 일반적이다.

이런 막연한 주제에 걸쳐 비록 화합의 모든 것은 아니지만 중요한 포인트가 있다면 다음과 같은 것이 아닐까 한다. 개인적으로는 휘하에 있던 단위 조직의 책임자들에게 자주 들려주었던 얘기다.

첫째, 크고 작은 조직을 막론하고 모든 조직의 수장에게 편애는 조직의 화합을 해치는 가장 치명적인 요인이 된다는 것이다. 화합이라는 것은 그것이 잘 유지되고 있을 때에는 그 가치를 잘 인식하지 못한다. 마치 우리가 공기의 고마움을 모르고 사는 것과 같다. 화합은 그것이 깨어질 때 비로소 그것이 얼마나 중요한지를 알게 되는데 수장의 편애야말로 그것을 깨는 가장 결정적인 원인이 된다. 거기에는 도무지 예외라는 것이 없다. 그리고 이 원칙에서 화합을 위해 수장이 취해야 할 몸가짐상의 구체적 원칙들이 나온다.

먼저 수장은 조직 내에서 누구를 좋아하고 싫어하는지 아무도 모를 정도가 되어야 한다. 수장도 인간이기 때문에 누군가를 좋아하고 싫어하는 것이 전혀 없을 수는 없다. 그럼에도 불구하고 단지 드러나는 것이 아니라 실제 속마음에서 수장은 특정인을 향한 편애나 편증偏憎이 없도록 스스로를 관리할 필요가 있다. 인류 역사상 수많은 비극적 분란의 발단이 바로 그런 데에서 발생하고 있다는 것은 중요한 참고사항이다. 저녁이면 조직 이곳저곳에서 자신의 마음에 드는 사람만 쏙쏙 불러내어 술자리를 함께하는 조직의 수장이 있다. 그런 조직에서는 폭력배 사회에서나 나오는 누구파派니 누구파니 하는 소리까지 나온다. 그런 일이 없는 건강한 조직에서는 "무슨 그런!" 하고 웃을 일이지만 그런 일이 발생하고 있는 조직에서는 매우 심각한 일이다. 작은 조직으로 갈수록 실제 그런 일이 많이 발생한다. 그런 차원에서 수장은 술 마시고 밥 먹는 단순한 자리마저도 아무 하고나 함부로 해서는 안 된다. 그것만 알아도 조직 화합의 절반은 챙길 수 있다.

둘째, 사회생활은 부족한 내가 역시 부족한 남과 어울려 살아가는 것이다. 그러므로 나의 부족함이 남들에게 용납되고 이해되기를 기대한다면 그에 앞서 남의 부족함을 용납하고 이해하는 자세가 필요하다. 이것은 관점, 취향 등 모든 면에서 서로 다른 사람들이 모여 공동의 생활을 하기 위해서는 빠뜨릴 수 없는 원칙이다. 모든 조직구성원은 타인들에게 관대해야 하며 수장은 그런 자세를 끊임없이 구성원들에게 납득시키고 촉구할 필요가 있다.

사람은 다수의 사람들이 모여 있는 집단에 귀속하게 되면 그 환경이 나에게 좋기를 기대한다. 이를테면 낯선 부서로 발령이 나서 옮겨간다면 누구나 그 부서의 사람들이 정답고 좋은 사람들이기를 기대하지 않겠는가? 그렇다면 입장을 바꾸어보았을 때 남들에게도 동일한 원리가 적용된다. 즉 나의 입장에서 남들이 나의 좋은 환경이 되기를 원한다면 내가 먼저 남들에 대해 좋은 환경의 일부가 되고자 노력해야 한다는 것이다. 그 선후를 지키면 좋은 조직생활을 하게 되고 그 선후가 뒤바뀌게 되면 불행한 조직생활을 하게 된다.

그러나 가장 중요한 것은 이러한 외형적인 행동의 룰은 아닐 것이다. 가장 중요한 것은 역시 스스로 자신의 됨됨이를 두텁게 갖추어가는 것이다. 스스로 포용력과 덕을 갖추게 되면 남들의 부족에 대해서는 구태여 강퍅해지지 않는 것이 인간사의 이치다. 그렇게 자연스럽게 조직의 화합을 만들어가는 것이야 말로 화합의 대원칙이라 할 수 있다.

갈등의 공과 사

공조직에서 조직 내부의 의견 차이는 일상적인 것이다. 하나의 정책, 하나의 수행과제를 놓고도 관련자 간에는 서로 생각이 다르고 입장이 다르다. 그러나 이렇게 생각이 다르다고 해서 그 모든 것이 적대적 갈등으로 전개된다면 조직은 하루도 바람 잘 날이 없을 것이다. 일을 하다 보면 의견이 서로 다를 수도 있다. 그것을 당연한 현실로 받아들일 줄 알아야 한다. 각자의 의견은 제가끔의 입장에서 나온 것이고 각자의 입장은 서로 다르더라도 존중할 필요가 있다는 것을 인정할 줄 알아야 하는 것이다. 설혹 상대방의 견해가 좁고 단견에 불과하고 심지어 책임이나 부담의 회피 등 명백히 이기적 의도에서 나온 것이 확실하다 하더라도 설득하고 인내할 줄 알아야 한다.

거기에는 당연히 인간적 성숙이라는 측면이 존재한다. 어떤 경우는 의견이 크게 충돌하더라도 그것이 인간적, 공적 관계에 별 영향을 미치지 않는 경우가 있는가 하면 어떤 경우는 작은 견해 차이를 가지고도 공적 관계는 물론 인간적 관계마저도 악화일로를 걷는 경우를 볼 수 있다. 사람들은 이런 경우를 흔히 당사자들의 성격에서 찾지만 원래 이것은 성격의 문제를 넘어선다. 그것은 관련자들 각자가 구축한 인간관과 세계관의 차이에서 발생하는 것이다. 소위 뒤끝이 없다든가 반대로 뒤끝이 있다는 말도 인간적 특성만으로 볼 일이 아닌, 기본적으로 깊이 있는 인간 이해를 바탕으로 한 사회적 경험의 누적에 기반한 것이라 할 수 있다.

사람을 소위 큰 그릇과 작은 그릇으로 구분하는 것은 이러한 문제에도 고스란히 적용된다. 공조직에서 업무적인 문제로 발생하는 인간적 갈등을 살펴보면 둘 중 어느 한쪽이라도 큰 그릇인 경우 좀처럼 업무적 갈등이 인간적 차원의 적대적 갈등으로 비화하는 경우가 없다는 것을 발견할 수 있다. 어느 한쪽이든 큰 그릇 쪽이 가진 해소 기제가 그것을 막고 있기 때문이다. 그것은 그런 갈등이 상하관계에서 발생하느냐 대등한 관계에서 발생하느냐를 불문하고 특히 그 중 어느 쪽이 큰 그릇이냐를 불문한다. 왜냐하면 한 인간이 그의 인간관과 세계관에서 구축한 것은 조직관계에서 형성되는 다양한 양태를 모두 담아낼 수 있을 만큼 크고 보편적으로 작용하기 때문이다.

공적인 삶의 수양이 완벽에 이르면 아무런 갈등도 발생하지 않을 것이라고 믿는 것은 무지의 소치다. 인격적으로 성숙된 사람들 사이에서도 의견의 차이는 발생할 수밖에 없다. 일찍이 공자는 이러한 인간관계의 문제를 두고 다음과 같이 말했다.

"군자는 서로 융화하나 같지는 않고 소인은 똑같으면서도 서로 융
화하지 못한다." (『논어』 자로/23)

君子和而不同, 小人同而不和.

사람과 사람이 만나 형성하는 사회에서 곱씹어보아야 할 말이 아
닐 수 없다. 특히 군자의 모습을 그린 말은 그 선후를 바꾸어 다음과
같이 말해도 아마 공자는 동의할 것이다.

"군자는 같지는 않더라도 서로 융화한다."

君子不同而和.

완벽한 공조직의 모습 또한 갈등이 전혀 없는 조직이 아니다. 다
만 그것을 사사로운 차원으로 끌고 들어가는 어리석음에 빠지지 않
고 공적인 차원을 유지하는 가운데 융화 속에서 새로운 합의점을 순
리적으로 찾아가는 조직이야말로 우리가 꿈꿀 수 있는 완벽한 공조
직이 아닐까 한다.

자화자찬의 어리석음

공직자가 자신의 직무내용이나 업적에 관해 주위로부터 좋은 평가를 받고 싶은 것은 당연한 일로서 그 자체는 인지상정이라 할 수 있다. 그러나 실제와 평가 사이에는 항상 갭이라는 것이 있기 마련이다. 그 갭을 견디는 것은 사람됨의 중요한 측면을 구성하는데 공직자 중에는 의외로 그 갭을 견디지 못하는 사람이 적지 않다. 조급하다고 할까? 그는 스스로 나서서 자신의 슬기로움과 업적을 자랑하곤 한다. 말하자면 자화자찬이다.

그런 공직자 가운데에는 자신에 대해 지금 어떤 평가가 이루어지고 있는지 한순간도 쉬임없이 안테나를 펼쳐놓고 사는 사람이 있다. 이런 행태를 보이는 사람은 '레이더 타입radar type'이라 한다. 그런 사람은 일하는 중간중간에도 내가 얼마나 많은 일을 훌륭하게 수행하고 있는지를 끊임없이 환기시키는 노력을 기울이기도 한다. 이런 일은 한 사람의 공직자에게서도 일어날 수 있고 한 정권에서도 일어날 수 있다. 개인이든 정권이든 본질은 동일하다. 이런 행동은 덕을 깎는 행동이다. 자랑할 만한 것은 잠잠히 있을 때에 더 분명하게 드러난다. 그리고 가장 완벽히 숨길 때에 가장 완벽히 드러나는 것이 그것이기도 하다.

자신에 대한 평가는 남이 하는 것이지 자신이 하는 것이 아니다. 그럼에도 불구하고 사람은 자기 자신이 가지고 있는 판단의 우월성, 선택의 타당성, 빛나는 치적 등을 아무도 알아주지 않으면 초조해하는 모습을 보이기 쉽다. 초조해지면 스스로 나서서 남들에게 판단을 제공하려 한다. 그러나 그렇게 제공된 판단 앞에서는 사람들은 기이하게도 그것을 순순히 수용하려 하지 않고 대신 그것의 진실성을 의심한다. 그리고 그때의 기준은 매우 박하고 까다롭다. 슬기로운 판단을 하거나 좋은 선택을 하고 또 적지 않은 업적을 쌓고도 그것이 남들의 박한 판단을 받는 경우는 바로 그런 자찬이 앞선 경우라 할 수 있다.

모든 인간에게는 균형을 잡으려는 의지가 있다. 자신의 지혜로움이나 치적에 대해 스스로 그것을 높이 평가하면 사람들은 균형을 잡으려는 차원에서 그 평가를 비판하게 된다. 그것은 아주 간단한 원리인데 그 원리를 모르고 조급한 마음에 스스로 멋진 평가를 만들어 내려는 사람들이 그런 균형 추구의 역류에 휘말리는 것이다. 안타까운 일이 아닐 수 없다.

반대로 탁월한 능력이 있지만 외부에서 어떻게 자신을 바라보고 평가하는지 별로 신경을 쓰지 않고 과연 자신이 제대로 역할을 하고 있는지 여부만이 궁극적인 잣대가 되어 있는 사람이 있다. 이런 행태의 사람은 '자이로스코프 타입gyroscope type'이라고 부른다. 자신을 판단하고 움직이는 동력이 자기 자신 안에 있다는 뜻이다. 만약 이런 사람이 높은 평가를 받을 만큼 치적을 쌓고도 스스로 조용히 지내면 어떻게 될까? 바로 그 반대의 현상이 발생한다. 다시 말해서 똑같이 균형을 잡으려는 본능적 차원에서 사람들은 그 상태나 결과를 둘러싸고 그에 걸맞은 평가를 만들어주는 것이다. 말하자면 '이것은 묻혀 있을 일이 아니다. 주목되고 제대로 평가되는 것이 마땅하다'라는 생각을 불러일으키는 것이다. 그리고 그렇게 만들어지는 평가만이 자신의 진정한 자산이 된다. 한 사람의 보잘것없는 공직자에 대해서든 하나의 정권에 대해서든 적용되는 원리는 동일하다.

가학적 상사

우리나라 조직사회에는 어딜 가도 유달리 부하 직원을 괴롭히는 가학적 상사가 많다. 공조직이라고 하여 예외가 아닌 것은 물론이다. 그 괴롭힘의 양상도 워낙 보편적으로 많이들 보고 듣는 사항이라 구구이 설명하는 것이 불필요할 것 같다. 어쨌든 지금 이 순간도 어느 조직에선가는 직무관계가 주는 납득할 수 있는 스트레스나 괴로움의 범위를 현저히 넘어선 가학적 양상이 나타나고 있고 그 중 일부 양상은 매우 처참할 정도다.

조직이 큰 경우에는 피차의 인사 이동에 따라 만나기도 하고 헤어지기도 하여 참고 견디다 보면 자연스럽게 문제가 해결되는 경우도 있다. 그러나 조직이 작거나 당사자들이 특수직군에 묶여 있거나 하는 사정으로 그런 해결마저 어려운 경우에는 사태가 심각한 지경에 이르러 결국 하급자가 사표를 내고 조직을 떠나는 경우도 적지 않게 발생하고 있다.

이런 상황은 조직을 관리하는 사람의 입장에서 보면 별것 아닌 것처럼 보이는 것이 보통이다. 그런 관계로 인하여 당장 조직에 어떤 문제가 생기는 것도 아니고 그저 조직이다 보니 양자간에 있을 수 있는 인간관계의 일환으로 보이기 때문이다. 오히려 어떤 경우에는 그런 관계가 상급자 되는 사람의 억척스런 일욕심이나 완벽주의의 사소한 부산물 정도로 여겨져 그 점이 되려 조직 수장에게는 신임의 징표로 인식되는 경우마저 없지 않다.

그러나 제3자적 입장에서 보는 것과는 달리 당사자의 입장에서 보면 이런 관계는 너무나도 심각한 경우가 많다. 조직은 조직구성원들이 모여 조직목표를 달성하는 것이 일차적 목적이기는 하다. 그러나 동시에 조직은 구성원 한 사람 한 사람의 삶의 현장이고 한 발짝만 더 나아가면 본인은 물론 그 가족들의 생계와 행복과 미래가 달려 있는 소중한 터전이기도 하다. 그렇기 때문에 그런 문제가 당장 조직운영에 별다른 영향이 없다고 해서 외면할 수는 없는 것이다. 실제 사정을 보면 조직운영에 별 영향이 없다는 판단도 무리가 있다. 어느 구성원 한 사람이 견디기 힘든 나날을 보내고 있는데 거기에서 조직에 유익하고 긍정적인 기여가 나올 수 있겠는가? 조직의 관리자는 적어도 그런 관계가 눈에 띄면 그것이 정상적인 지휘 관계 이내의 문제인지 아니면 그 선을 넘어 비생산적 관계로 빗나가 있는지를 판단할 필요가 있고 후자의 경우라면 어떤 조치가 필요한지 살펴보아야 할 것이다.

가학의 양상을 구체적으로 살펴보면 가학적 상사가 문제 삼고 있는 것이 대개 근거가 없지는 않다는 것을 알 수 있다. 그는 다른 상사들에 비해 부하직원이 가지고 있는 무능력이나 결점, 약점, 안이한 근무 태도 등에 있어서 상대적으로 더 민감하고 높은 정보력을 갖추고 있는 경우가 많다. 근무평정이나 업무평가 등 별것 아닌 장치를 교묘히 이용하여 해당자의 그런 점을 꼼짝 못하게 얽어매는 경우도 흔하게 발견된다. 내가 무조건 휘하 직원보다는 더 많이 알고 더 잘 안다는 망상은 이런 관계에서 유감없이 위력을 발휘한다. 단지 그의 문제점은 세상의 모든 조직들에서 거의 평균적으로 나타나고 있는 능력이나 적극성과 소극성, 기질, 성실성 등의 차이에 대해 지나치게 과잉되게 선악의 잣대를 휘두르고 있다는 점이다. 그리고 그런 선악의 잣대는 일반적인 조직관리의 경험에 비추어볼 때 효과적이지도 않고 바람직하지도 않다는 것이다. 이를테면 어떤 상사는 동일한 구성원을 두고 결코 그런 식으로 몰아가지 않고도 그런 식으로 몰아가는 것보다 훨씬 나은 조직운영 효과를 거두고 있기 때문이다.

물론 가학적 상사의 행동은 효율성과 효과성을 따져서 행동하는 것이 아니다. 문제가 발생하는 것도 바로 그런 점 때문이다. 대부분의 경우 가학적 상사는 강박적으로 움직인다. 말하자면 자기 자신도 어쩔 수 없는 방식으로 그는 조직관리에 임하고 있는 것이다. 가학적 상사는 강박하고 싶은 대상을 끊임없이 찾고 또 쉽게 그 강박적 구도에 걸려드는 직원을 발견한다.

그런가 하면 자신의 그런 기질을 절대 발휘하지 못하는 대척적 관계에 있는 직원도 있다. 그런 직원에게는 결코 자신의 그런 가학성을 발휘하지 못하는데, 이런 사실은 그의 행동이 겉으로 표방하듯이 바람직한 업무적 목적에 연관되어 있는 것만은 아니라는 점을 잘 드러내어준다. 간추려 얘기하면 대부분의 가학적 상사의 행동은 자신의 내면에서부터 비롯된 심각한 정신적 조건에서 비롯된다는 것이다. 문제는 이런 상황에서 공조직이 어떻게 대처하고 움직여나가야 하느냐 하는 점이다.

일단 전술한 바대로 조직관리자는 이런 문제에 대해 과거보다는 좀 더 심각한 인식을 가지고 대처할 필요가 있다. 마치 학교 사회에서 왕따나 학교 폭력 같은 것을 한때는 아이들 사이의 문제로만 치부했지만 지금은 이를 사회적 문제로 싸안고 대처하는 것과 같다. 가학적 상사의 문제도 이제는 조직과 관련하여 대두되는 심각한 인권 문제의 일환으로 인식할 필요가 있다. 그래서 이러한 갈등을 못 이기고 하급자가 조직에 사표를 내는 것만을 당연한 듯이 여기지 말고 그런 가학적 상사에 대해서도 일정한 판단을 거쳐 상응하는 조치를 할 수 있어야 한다는 것이다. 큰 틀에서 가학적 상사의 문제는 나라 민주주의의 발전과 더불어 중대한 사회 목표의 하나로 인식되고 다루어질 때가 되었다고 생각한다.

공식적인 조치가 불가능한 경우에는 어쩔 수 없이 당사자들의 지혜와 조정력에 맡겨질 것이다. 경험상으로 보면 이 경우 가학적 상사의 자각적 노력에 기대는 것은 별 효과가 없다. 안타깝지만 대부분의 가학적 상사는 자기조정 능력을 완전히 잃고 있다. 그래서 당사자 간에서는 하급자의 노력이 더 주효하다는 것이 일반적 현실이 아닌가 한다. 잘못하면 더욱 꼼짝 못하고 걸려드는 빌미가 될 수도 있지만 가학적 상사도 인간이기 때문에 때로는 약간의 변화를 도출하는 경우도 없지 않기 때문이다. 최대한 물리적 거리를 많이 형성하는 것도 방법의 하나다. 경우에 따라서는 가학적 상사와 피해 직원의 심리가 묘하게 얽혀 있어 전문적인 정신과 의사가 아니면 개입조차 하기 어려운 경우도 많다. 누군가의 가학성이 자신의 존재 의미를 유지시켜주는 매조히즘적 경향이 직원에게서 발견되는 경우는 더욱 간단치가 않다. 그러나 가학적 상사의 심리에 대부분 피해 트라우마가 관찰되기 때문에 당사자의 정공법이 때로는 의외의 문을 여는 경우를 배제할 수가 없다.

어쨌든 부하 직원을 괴롭히는 상사의 문제는 모든 공조직에서 예외일 수 없는 관심사항이다. 묻어두기에는 눈에 띄지 않는 공직사회의 문제로 그 파괴력이 심각하다는 것은 알 필요가 있다. 우리 공직사회가 좀 더 적극적으로 이 문제에 개입해야 하는 것은 불가피해 보인다.

2

공직자가 바로 서야
나라가 바로 선다

벽돌을 쌓는 사람과 학교를 짓는 사람

어느 조직이든 조직의 고위 간부는 다루는 영역이 비교적 넓고 관심의 폭도 그만큼 다양하게 마련이다. 그러나 조직의 하부로 갈수록 맡겨진 직무 영역은 좁고 한정되며 어떤 업무에 이르러서는 거의 기계적인 단순 작업에 불과한 경우도 많다. 우리나라 전체 공직사회를 놓고 볼 때 수적으로는 절대적으로 많은 공직자들이 사실상 아주 협소하거나 단순한 직무에 종사하고 있다. 이 무수한 사람들에게 국가가 무엇을 요구하고 기대할 것이며 이들이 어떤 생각을 하고 어떻게 봉직하기를 바라는가? 다음은 바로 그 점과 관련하여 지난날 내가 조직의 후배들에게 종종 들려주던 이야기다.

여기에 두 사람의 인부가 있다. 두 사람은 지금 벽돌을 쌓는 똑같은 일을 하고 있다. 어떤 사람이 그들에게 다가가 그 중 한 사람에게 물었다.

"당신은 지금 무엇을 하고 있습니까?"

그가 대답했다.

"예, 저는 지금 벽돌을 쌓고 있습니다."

그 옆 사람에게 다가가 역시 같은 질문을 하였다. 그는 대답했다.

"예, 저는 지금 학교를 짓고 있습니다."

두 사람이 똑같은 행위를 하고 있지만 한 사람은 벽돌을 쌓고 있다고 했고 다른 한 사람은 학교를 짓고 있다고 했다. 그러면 두 사람은 같은 일을 하고 있었던 것일까 아니면 서로 다른 일을 하고 있었던 것일까? 두 사람은 서로 다른 일을 하고 있었다고 보는 것이 옳을 것이다. 벽돌을 쌓고 있다고 한 사람은 말 그대로 벽돌만 쌓고 있었지만 학교를 짓고 있다고 한 사람은 실제 학교를 짓고 있었다고 보아야 한다. 그래야 우리는 인간의 행위를 말할 수 있고 인간에 의해 이루어지는 무수한 역사役事를 이해할 수 있기 때문이다.

만약 이 논리를 현실에 적용해본다면 실제로 공공의 직무를 지휘하는 자리에 있는 총괄 책임자도 단순히 벽돌쌓기에 종사하는 경우가 있는가 하면 그 제도나 사업의 극히 미미한 단위 업무 하나를 맡아 수행하는 사람, 그것도 많은 팀원 중의 한 명에 불과하여 그 사람이 없더라도 일의 수행에 전혀 지장이 없는 그런 하찮은 일을 하는 사람이 '중대한 과업'을 수행 중인 경우가 있을 수 있는 것이다. 실제 우리 주변을 둘러보면 우리 공직에도 그런 수장이 있고 그런 평직원이 있음을 어렵지 않게 발견할 수 있다.

실제 있었던 일이다. 오래 전이기는 하지만 조직 내부에서 한꺼번에 많은 직원들을 채용해서 교육 계획을 수립할 때였다. 신규 채용 직원 중에는 적지 않은 운전기사들이 포함되어 있었다. 일부에서는 운전기사들이야 어차피 차량 운전만 하게 될 텐데 도로교통법 교육을 시킨다면 모를까 실제 자기 직무와 연관도 없는 조직업무 전반에 대해 교육을 하는 것이 무슨 의미가 있겠는가? 1인당 교육비도 만만치 않은데 운전기사들은 교육대상에서 빼는 것이 어떻겠느냐는 의견이 제시되었다. 그때 교육 계획 수립의 책임자였던 사람이 이렇게 말했다. "그렇지 않다. 그들이 비록 차량 운전만 하는 것은 맞지만 그들도 자기가 어떤 제도 속에서 어떤 직무를 수행하기 위해 차량을 운전하고 있는지 아는 것과 그렇지 않은 것 사이에는 큰 차이가 있다. 그들에게도 제도와 조직 임무 전반에 대해 똑같이 교육을 시키도록 하자." 그 이야기를 들으며 내심으로 기뻐하던 기억이 지금도 생생하다. 나중에 세월이 흐르고 그는 그 말의 안목에 걸맞은 고위직으로 승진하여 그 시대의 '학교 짓기'를 훌륭히 수행하는 모습을 볼 수 있었다.

모든 조직원들을 슬기롭게 육성하여 조직이 지향하는 높은 사명에 충일토록 하고 그 전체 조직의 육중한 가속도로 추진되는 조직이 있는가 하면 조직원들을 단지 벽돌공으로만 써먹으면서 몇몇 간부만이 꿈쩍도 않는 조직을 밀고 당기느라 허덕이는 조직이 있다. 생각해 보면 원리는 참으로 간단하지만 공직 현장에서 스스로 그런 판단을 하고 필요한 조치를 하는 것은 결코 쉬운 일만은 아닌 것 같다.

의견을 가져라

공직의 수장이 되면 때때로 외로움을 느낀다. 그것은 인간적 외로움과는 다른 조직인으로서의 외로움이다. 수장은 언제나 이것저것 중요한 판단을 하여야 하는 상황에 부딪힌다. 그럴 때마다 함께 허심탄회하게 상의하고 조언을 들을 수 있는 간부가 옆에 있다는 것은 매우 행복한 조건이 된다. 반대로 누군가와 상의를 하고 싶은데 사방을 둘러보아도 누구 하나 상의할 만한 상대가 없다면 그것이야말로 수장에게는 매우 불행한 조건이 아닐 수 없다.

말을 걸어보아도 문제의 핵심조차 파악하지 못하는 간부, 미시적인 문제에 머물러 시원한 해결책을 내놓지 못하는 간부, 책임질 수없는 허황된 소리만 지칠 줄도 모르고 늘어놓는 간부, 형식적이고 내실 없는 말만 늘어놓는 간부밖에 눈에 띄지 않는다면 주변에 아무리 사람이 많더라도 그는 절해 고도에 유배된 듯한 느낌을 받을 것이다. 그리고 이런 상황은 나라의 대통령이나 장관의 경우에도 해당되지만 보잘것없는 조직의 중간 간부를 대치해보더라도 본질적으로는 사정이 다르지 않다.

그렇다면 수장의 입장에서 볼 때 간부의 가장 중요한 덕목은 무엇일까? 그것은 무엇보다 '현안을 살펴볼 수 있는 안목을 가지고 있을 것' 그리고 그 현안에 대해 '경청할 만한 자기 의견을 가지고 있을 것'이 아닐까 한다.

그러나 의견을 갖는다는 것은 생각보다 힘든 일이다. 특히 그것이 단순한 사실 판단이나 기술적 의견을 넘어 사회적 인간적 가치판단을 동반할 경우 더욱 그러하다. 심지어 그 의견이 상호 대립되고 있는 정치적 견해들과 관련될 경우에는 매우 위험한 일이 되기도 한다. 적지 않은 공직 구성원들이 필요한 의견을 외면한 채 공직생활을 영위하고 있는 것도 기실은 의견을 갖는 것이 수반하는 이러한 위험을 본능적으로 회피한 결과라 할 수 있다.

우리나라의 상황을 돌이켜보면 집권자들은 흔히 공직자들이 이런저런 민감한 문제들에 관해 의견을 갖는 것은 주제넘은 짓이라고 생각해왔다. 그러면서도 동시에 그들은 어떤 어려운 판단을 하여야 할 적에 공직자들이 아무런 의견도 없다고 짜증을 내거나 심지어는 "영혼도 없이" 공직생활을 하고 있다고 비하하는 이중의 잣대를 휘둘러왔다. 그들은 공직자들이 아무 의견을 갖지 않고 단지 주어진 지시만 잘 수행하는 것과 국가의 중요한 일에 관하여 분명한 의견을 갖는 일이 양립할 수 있는 것처럼 생각하고 있다. 그러나 그것은 양립할 수 없다. 공직자들은 그들의 필요에 따라 때로는 침묵도 하고 때로는 탁월한 의견도 제시하는 편리한 존재가 될 수 없는 것이다. 주제넘은 짓을 하지 않기를 원한다면 조력도 구하지 말아야 하고 조력을 원한다면 때때로 주제넘은 행동도 허용하여야 하는 것이다.

그러므로 공직자들로 하여금 필요한 의견을 듣고자 한다면 누구나 자신의 의견을 자유롭게 피력할 수 있는 여건이 조성되어야 하고 그러자면 보잘것없거나 주제넘은 의견이 끼어들 자리도 있어야 한다. 그것은 수장의 도량이 필요한 일이다. 자신이 보기에 바람직하다고 생각하는 의견 외에는 어떠한 의견도 탐탁지 않게 생각하면 결국 필요한 의견이 제기되지 않는 결과만 초래한다.

한편 일반 공직자들은 필요한 판단을 하고 의견을 갖는 일에 자신을 부단히 채찍질하여야 할 것이다. 그 의견을 받아주는 수장이 있든 없든 더 나아가서는 본인이 의견을 들려줄 만한 위치에 있든 없든 상황을 판단하고 의견을 갖는 것은 공직자에게는 무조건적인 의무다. 의견을 갖는 것이 소용없는 도로徒勞에 그치더라도 그것을 의무로 여기고 그 의무를 수행하는 데에서 보람을 느끼고 지치지 않는 열정을 가질 수 있다면 그의 공직은 의미 있는 삶이 될 뿐 아니라 외형적 도로에도 불구하고 반드시 국가와 사회에 이바지하는 바가 있게 될 것이다.

직언의 전통은 어디로 갔는가?

조직에서 직언을 둘러싼 문제는 매우 유서 깊은 논제라 할 수 있다. 유가의 전통에서 직언은 지나칠 정도로 강조되어왔다. 유가에서는 안색을 살피지 않고 직간하는 것을 원칙으로 삼았고 그런 원칙에 이런저런 조건이나 단서를 붙이지 않았다. 이를테면 『논어』 헌문편에서 공자는 다음과 같이 말하고 있다.

> 자로子路가 임금 섬기는 것에 대해 묻자 선생님께서 말씀하셨다.
> "속이지 말고 직간하여라."(『논어』 헌문/23)
> 子路問事君. 子曰:勿欺也, 而犯之.

직간하지 않는 것은 속이는 것과 같이 취급되었던 것이다. 춘추시대 제齊나라의 탁월한 정치가 안평중晏平仲을 칭송할 때에도 그가 재상으로서 임금의 낯빛을 살피지 않고 직언한 것을 큰 덕목으로 꼽고 있다. 오죽하면 '범안색犯顔色', 즉 임금의 낯빛에 구애됨이 없이 할 얘기를 다 하라는 말까지 생겨났을까. 이런 전통은 우리나라에도 영향을 미쳐 조선조 언관들의 직언이나 상소를 보면 아슬아슬한 느낌을 받을 때가 많다.

그러나 장차 왕이 될 사람은 어린 세자의 지위에 있을 때부터 직언을 경청하는 것만큼은 제왕학의 기본으로 수없이 강조하여 학습을 받은 만큼 그 기본을 폐기하는 일은 매우 드문 것이 사실이었다. 이를테면 율곡이 그의 『경연일기經筵日記』에서 기록하고 있는 바에 따르면, 선조 임금이 한 후궁의 내밀한 건의를 받아들여 목적이 수상한 불사佛事를 추진하려고 하자 이를 저지하려는 언관들이 매일 새벽에 임금의 처소에 나아가 지시를 철회하시라고 자그마치 열세 번이나 간하여 결국 관철하는 모습이 기록되어 있다. 조선조의 언관은 자신의 상소가 관철되지 않을 경우 마지막에는 체직遞職(언관이 아닌 직으로 바꾸는 일)을 신청하여 임금에게 압박을 가하기도 했던 것이다.

그런가 하면 법가 쪽에서는 듣는 사람의 비위를 거슬러 의견을 제시하는 것 자체를 크게 금기시해왔다. 『한비자』의 「세난說難」편이나 「난언難言」편을 보면 효과적인 진언을 위하여 살펴야 할 조목들이 얼마나 많은지 놀랄 지경이다. 은택이 두텁지 못한 상태에서는 하고 싶은 말이라고 해서 다 하면 안 된다. 임금의 잘못에 대해서는 결코 예와 의를 거론해가며 잘못됨을 지적해서는 안 된다. 임금이 할 만한 능력이 안 되는데도 하라고 강권해서는 안 된다. 그만둘 의향이 없는데 그만두라고 해서도 안 된다. 이 같은 고려사항은 끝이 없다. 한비자는 내 뜻을 전달하기가 어려워서가 아니라 막상 전달하였을 때 효과가 없거나 역효과를 내지 않고 목적을 달성하기 위해서라고 구차한 이유를 늘어놓고 있다.

그러나 온갖 것을 살펴가며 지혜롭게 진언해야 한다는 한비자의 교묘한 논리는 결국 권력이 사유화된 전제군주의 치하에서 제한된 소통만 해야 했던 법가의 궁여지책이었을 뿐이다. 역린逆鱗이라는 것을 무슨 대단한 논거라도 되는 양 내세우면서 말이다. 이런 전제를 걸고 나면 우리는 적어도 이 국민 주권의 시대에 와서는 유가의 당당하고 안색을 살피지 않는 직언의 전통이 결국 옳고 오늘날에 회복해야 할 전통임을 알 수 있다.

오늘날 우리의 공직사회로 돌아와 살펴보면 다른 그 무엇보다 이 직언의 전통이 여지없이 와해되어 있다는 것을 알 수 있다. 그 상태는 매우 심각하다. 공사 조직을 막론하고 직언이 자리할 여지는 처참하게 무너져 있다. 윗사람의 비위를 거스르지 않아야 한다는 것은 어느 조직에서도 거의 철칙처럼 지켜지고 있다. 그 점은 마치 법가들이 진언의 어려움을 토로하지 않을 수 없던 저 살육의 전국시대와 조금도 다르지 않다. 왜 그렇게 되었을까? 조선조 말기의 피폐상이 바탕으로 이어져온 위에 일제 식민지 시대는 그 자체가 거대한 허위와 거짓의 구조였기 때문에 그런 세월을 통과하는 동안 직언을 가능케 하는 사회의 기틀이 다 썩어버렸던 것이다. 옳은 것(正義)이 추구되고 논의될 여건이 아니었다고나 해야 할까?

어쨌든 건국 이후 정치사회의 큰 질서도 역시 진실과 정의를 거짓과 허위가 억누르는 구조에서 벗어나지 못했기 때문에 마찬가지로 직언이 다시 발붙일 자리가 없었던 것이다. 1960년의 4·19와 1980년대의 민주주의를 위한 긴 항쟁이 그나마 나라의 등뼈를 되세우는 큰 역할을 한 것이 사실이지만 역사는 아직도 정의를 중심으로 모든 것이 합리적으로 재편되는 단계를 맞이하지는 못하고 있는 실정이다.

따라서 공직에서 직언이 설 자리를 갖자면 무엇보다 먼저 나라에 정의가 서야 한다. 정의가 서지 못하고 이리저리 권력의 이해에 가려지고 밀려나면서 어떻게 공직에 합리성이 자리 잡고 어떻게 공직자의 입에서 곧은 소리가 나오기를 기대하겠는가? 오늘날 이 나라의 공직 현실을 둘러보면 직언은커녕 곡언을 옹호하는 논리만 무성하다. 공직에 몸담고 있는 사람이라면 구태여 실정을 말하지 않아도 잘 알 것이다.

직언하는 사람은 마치 어리석은 사람, 모난 사람처럼 취급된다. 그에게 가해지는 왜곡된 시선은 바로 직언을 비정상적인 것으로 바라보는 공직자들의 왜곡된 의식에서 비롯된 것이다. 직언을 하는 사람이 '뭘 모르는 천진한 사람'이 되고 그 옛날 법가 논객들처럼 온갖 교묘한 논리로 직언을 회피하는 사람이 마치 '뭔가를 아는 노련한 사람'처럼 여겨지고 있는 것이다.

직언의 전통은 하루아침에 세워지지 않는다. 그것은 그것이 무너져온 세월만큼이나 긴 세월에 걸쳐 고통스럽게 다시 세우지 않으면 안 된다. 그것을 위해서는 모든 공조직 리더들이 의식의 혁신을 이루어야 함은 물론 간사한 언어로 직언을 훼방하던 속된 논리들을 과감히 걷어내어야 할 것이다. 그리고 모든 공직자 한 사람 한 사람이 스스로 모든 순간에 걸쳐 무엇이 올바른 것인가, 무엇이 정당한 것인가를 찾고 현실 속에서 당당히 외치는 데에 결연히 나서야 할 것이다.

부패의 논리는 많고
청렴의 논리는 하나밖에 없다

공직자에게 청렴은 기초다. 그래서 가장 우선된 덕목이면서도 가장
소극적인 덕목이다. 다시 말해서 그것을 갖추지 못할 때에는 모든 것
이 엉망이 되지만 그것을 갖춘다고 해서 무언가가 이루어지는 것도
아니다. 소극적인 덕목의 특성이 바로 그렇다.

공무와 관련하여 발생하는 비리의 양상은 워낙 다양하여 그 대표
적인 유형만을 소개하는 것도 쉬운 일이 아니다. 많이 좋아졌다고는
하나 아직도 광범위하게 남아 있는 것이 각종 인허가와 관련한 수
뢰, 대규모 공사 발주나 구매와 관련한 수뢰다. 그러나 비리의 유형
보다 어쩌면 더 많고 다양한 것이 비리에 이르는 논리가 아닐까 한
다. 만약 비리를 저지른 공직자들을 모아놓고 왜 그런 비리에 이르
게 되었는지 이유를 물어본다면 우리는 아마 그 허다한 이유와 논리
에 입이 벌어질 것이다. 그들도 인간이라면 그렇게 해서는 안 된다

는 것은 대부분 알고 있을 것이다. 그럼에도 불구하고 그런 짓을 하게 되는 데에는 이상야릇한 논리들이 동원된다. 만약 이 나라가 제대로 정신이 똑바로 박힌 나라라면 공직자들이 이런 이상한 논리들에 넘어가지 않도록 정신 교육을 단단히 시킬 수 있었을 것이다. 그러나 나라가 통째로 흐리멍덩해지면 어디에서도 그런 발상이 나오지 않는다. 하지 마라, 하면 이렇게 저렇게 처벌을 받는다. 이렇게 위협하고 겁주는 것이 모두인 것 같다. 말하자면 신상필벌이라는 것인데 대표적인 법가적 사유에서 나온 것이다. 벌로 다스리려 하는 한 근본이 바뀌지는 않는다.

하긴 나라 대통령이라는 자들도 청와대 뒷방에 기업하는 자들을 불러 천문학적 액수의 돈을 받지 않았던가. 그들도 통치자금이라는 해괴한 논리로 그런 짓을 했던 것이다. 그러니 그 아래에서 어떤 독버섯이 자라지 않겠는가? 나는 미관말직에 있는 사람이 내놓고 그런 논리를 전개하는 것을 두어 번 들은 적이 있다. 한번은 "그런 것을 받지 않아봐야 결국 그 돈은 그놈이 먹는다"는 논리였다. 기업측 로비스트의 활동비 내지 로비 자금을 얘기하는 모양이었다. 설혹 그렇다 하더라도 그것이 그런 돈을 받아도 된다는 결론에 이르지는 않는데 논리는 묘하게 비약되고 있었다. 하긴 그런 논리에 일관성을 요구하는 것 자체가 무리일 것이다. 심지어 "그런 것도 안 받으려 하면 큰돈을 요구하는 줄 알고 공연히 불안해한다"는 말도 들었다. 고양이 쥐 생각하는 것이 아닐 수 없다. 문제는 공직자들의 마음속에 깃든 이런 치졸한 욕심이 다양하게 치졸한 논리들을 만들고 있다는 사실이다. 드러내놓고 하는 이야기가 이 정도니 드러내지 않고 스스로 펼치는 논리는 얼마나 많겠는가? 또 고위직으로 올라갈수록 그 논리는 얼마나 거룩해지겠는가? 중국에는 통치자금론까지 나오니 말이다.

물론 지난날에 비하면 많이 깨끗해진 것이 사실이기는 하다. 반면 그 규모가 엄청나게 커지고 그 방법이 법망을 교묘하게 빠져나가는 경우가 많아진 특색이 있다. 퇴직한 고위 공직자들을 상대로 크게 하는 일도 없이 엄청난 돈을 주는 행위 등은 사실상의 비리 커넥션일 가능성이 크지만 법망으로는 다스릴 길조차 없다. 그렇다고 해서 전통적인 비리가 완전히 사라진 것은 아니다. 아직은 권한을 가진 공직과 상대해야 하는 기업의 입장에서는 담당 공직자의 표정을 살피지 않을 수 없는 것이 솔직한 실정이다. 100명의 공직자 중에서 99명이 청렴하다고 해도 그 중 한 명이 음험하게 도사리고 앉아서 "영 인사가 없네" 하고 중얼거리고 있다면 기업의 입장에서는 가만히 있을 수가 없는 것이다. 적어도 관련 기업이 그런 신경을 전혀 쓰지 않고 활동할 수 있으려면 천 명 중 한 명도 그런 사람이 없어야 한다. 물론 공직 쪽에서만 바라볼 문제는 아니다. 아직도 자발적, 선제적으로 뇌물 공세를 벌이고 다니는 기업들이 많다. 내공이 약한 공직자들은 쉽게 무너질 수밖에 없게 된다.

그뿐만 아니다. 반드시 개인적 뇌물이 아니라 기관 차원에서 무슨 기증이나 찬조 따위의 명목을 빌면 갑자기 혼란스러워지는 경우가 생긴다. 내가 개인 차원에서 받으면 문제지만 그것을 받아서 기관의 공식적 목적에 기여하는 방향으로 쓴다면 별로 문제가 될 것이 없다는 안이한 기준을 가진 사람들이 의외로 많다. 부서 직원들이 모두 참석하는 회식 등이나 공용의 비품을 구입하는 데 쓴다거나 하면 문제될 것이 없다고 생각하는 것이 아직도 일부 공직사회에는 만연해 있다. 심지어 기준을 적용하는 감찰부서마저 어정쩡한 기준을 가지고 있는 경우가 비일비재하다.

부패의 양상은 너무나도 다채롭고 그 논리는 유혹적이다. 그것을 일일이 열거하고 거론하려면 끝이 없을 것이다. 문제는 이들 부패에 맞서는 것은 공직자의 청렴이고 청렴의 논리는 하나밖에 없다는 사실이다. 청렴은 '명예와 자존심을 지키는 것'이다. 명예도 그렇고 자존심도 그렇고 모두 공직자 한 사람의 마음 상태에 지나지 않는다. 그것은 모든 것보다 중요하지만 한순간 생각을 잘못하면 아무것도 아닌 것이 될 수도 있다. 이 별것 아닌 것처럼 보이는 선택지를 두고 공직자들은 그릇된 선택을 하지 않아야 한다. '평생을 깨끗하게 살았으니 딱 한 번만'—이런 선택을 하지 않아야 한다. 왜냐하면 그것은 명예도 자존심도 아니기 때문이다.

"조금만 비겁하면 인생이 즐겁다"는 말이 있다. 어느 코미디언의 책 제목으로 알고 있다. 행여 이 나라 공직자로서 조금만 비겁하면 인생이 즐겁다고 생각하는 사람이 있을까 우려된다. 인생이 비록 춥고 외롭더라도 비겁해질 수는 없는 것이 공직자 이전에 한 인간으로서 우리의 기본이 아니겠는가? 명예와 자존심을 버리고 어디에서 우리가 공직자이고 인간일 것인가? 명예와 자존심을 버릴 때 공직자는 완전히 죽는다. 굶어 죽는 것도 그보단 낫다. 그것이 공직자들의 별난 소신이 아니라 당연한 기초가 되는 날이 쉬 오기를 기대해본다.

원칙을 알아야 변칙도 구사할 수 있다

공조직을 운영하는 데에는 큰 일이나 작은 일이나 원칙이 있어야 한다. 조직 내부 운영에도 그렇고 대국민 행정에서도 그렇다. 원칙에 대한 확실한 인식도 가지지 않은 상태에서 그때그때의 편의와 필요성에 따라 무원칙하게 일을 하면 결국 조직도 제도도 중심을 잃고 휘청거리게 된다.

원칙이 있어야 한다는 것은 모든 일을 원칙적으로만 처리해야 한다는 뜻은 아니다. 현실은 때로 어쩔 수 없는 여건 때문에 원칙적 행보를 유지할 수 없을 때가 있다. 그럴 때에는 변칙에 의존하는 경우도 생긴다. 그러나 원칙이 무엇인지를 알고 변칙을 구사하는 것과 원칙이 무엇인지도 모르고 변칙을 구사하는 것에는 천양지차가 있다. 원칙이 무엇인지를 알고 변칙을 구사하는 것은 우리가 원칙에서 얼마나 떨어져서 있는지, 그것이 어떤 불가피한 사정에 의해 그러는 것인지를 아는 셈이다. 그리고 무엇보다 변칙을 구사할 수밖에 없게 만든 조건이 사라지면 원칙으로 되돌아갈 수 있다.

그러나 원칙이 무엇인지도 모르면서 변칙을 구사하는 것은 엄밀하게 말해서 자신이 변칙을 구사하고 있다는 의식도 없다. 원칙을 모르고 원칙이 보내는 구심력을 의식함이 없기 때문에 구사되는 변칙도 엄밀하게 말해서 변칙이 아니다. 원칙이 없는데 어떻게 변칙이 가능하겠는가?

원칙이 있고 그것을 의식할 때에만 변칙도 가능하고 그럴 경우에만 그 변칙도 다시 원칙으로 돌아갈 여지를 가지는 것이다. 원칙을 모르는 변칙은 마치 몸속의 암세포처럼 신체발달의 전체적인 균형 속에서 계획대로 성장하는 것이 아니라 이곳저곳에서 제멋대로 증식함으로써 이윽고 몸의 전체적인 조화를 무너뜨리는 것과 비슷한 역할을 하게 되는 것이다.

그러므로 조직운영을 함에 있어서 공직자는 항상 원칙에 입각하여 일을 처리하려고 노력해야 한다. 변칙은 가급적 피해야 할 무엇이다. 그리고 그 점을 분명히 인식하는 틀 안에서 때로는 변칙에 기대는 것을 받아들일 것인지 말 것인지를 고심해야 한다. 만약 당신이 조직의 리더로서 조직원 중 누군가가 원칙이 아닌 일을 하려 한다면 어떻게 해야 할 것인가? 당연히 당신은 그 원칙이 아닌 일이 과연 불가피한 것인지를 묻고 어떻게 하는 것이 원칙적인 일처리인지를 확인해줄 필요가 있을 것이다. 그리고 만약 그것이 정말로 불가피한 것이라고 판단되었다면 그에게 이렇게 말할 수 있어야 할 것이다.

"이것이 원칙적인 일처리가 아니라는 것만큼은 분명히 알고 일하게. 원칙을 모르고 변칙을 구사하기 시작하면 어느 새 원칙과 변칙이 구분이 되지 않고 급기야는 원칙이 변칙이 되고 변칙이 원칙이 되는 도착과 혼란에 빠지고 만다네. 원칙을 알고 그것을 구현하기 위해 노력하는 사람만이 변칙도 구사할 수 있다는 것을 잊지 말게."

상하 간 의견 대립을 어떻게 볼 것인가?

공조직에서도 종종 지휘 관계의 상하 간에 의견 대립이 발생할 수 있다. 발생할 수 있는 정도가 아니라 실제로 보면 매우 빈번하게 발생하고 있다. 상하관계를 지휘 복종의 관계로 엄격히 유지하려는 윗사람에게 상하 간 대립 내지 갈등은 있을 수 없는 일로 여길 수도 있을 것이다. 그러나 생각해보자. 공조직의 의사결정 구조는 원칙적으로 일렬종대의 결재라인에 따라 이루어진다. 계장—과장—국장—(실장)—부기관장—기관장 등의 의사결정은 조직체계상 결코 대등한 지위에 있지 않은 사람들이 참여하여 이루어지는 것이다. 만약 이런 관계에서 의견이 서로 다를 때, 상위자의 의견이 늘 배타적으로 작용한다면 그것은 결국 상위자의 일방적 의견을 따르는 결과밖에는 안 될 것이다. 여기에서 의사결정을 둘러싸고 야기되는 상하 간 갈등을 단순하게만 볼 수 없는 구조적 고민이 있다. 만약 조직 하이어라키

hierachy의 안정성만을 고려하고 상하의 위계질서를 지나치게 강조하게 되면 나라의 무수한 정치적 행정적 의사결정에 심각한 문제가 야기될 수 있다. 이 때문에 종종 공조직은 무슨 위원회나 상설 또는 임시적 회의체에 문제를 부의하기도 하고 외부 자문을 구하는 등 여러 가지 조정 절차를 거치기도 하지만 그렇다고 해서 이 상하 간 갈등을 모두 원만히 해소할 수 있는 것은 아니다.

우선 무엇보다 중요한 것은 이 상하 간 갈등을 부정적 현상으로만 바라보지 않아야 한다는 것이다. 조직에서 하급자가 상급자의 명시적 의사에 반대 의견을 내는 것은 결코 쉽지 않은 일이다. 그럼에도 불구하고 거듭되는 상급자의 의견에 맞서 지속적으로 다른 의견을 낼 때에는 대개 나름대로 강한 명분을 가지고 있는 경우가 많다. 정부 수립 이래 우리나라에는 해당 업무를 담당하고 있는 국과장의 의견을 윗사람이라 하여 함부로 무시하지 않는 비교적 괜찮은 전통이 형성되어 있다. 그러나 그것은 부처에 따라 조금씩 다르다. 또 윗사람의 사고방식에 따라서도 차이가 있는데 윗사람과 다른 의견을 내는 것을 무조건 '능상凌上'에 준하여 받아들이는 경우가 지금도 없지 않다.

우선 이런 상하간 의견 대립을 부정적으로 바라보지 않기 위해서는 상급자의 대범한 안목이 필요하다. 실제 국가 정책이나 중요한 사업을 둘러싸고 이런 과정을 있을 수 있는 일로 받아들이고 좀 더 시간적 여유를 두고 해결책을 모색할 수 있다면 그 자체만으로 상급자는 드문 덕성을 보여주는 것이 될 것이다.

정부 부처처럼 큰 조직의 경우 이 상하 간 갈등은 국가 정책과 관련한 기본 철학의 차이에서 비롯되는 경우가 많다. 이런 경우 궁극적인 조정방안으로 하위자를 다른 직무 분야로 전보 조치하는 경우도 드물지 않게 볼 수 있다. 이것도 하나의 조정 메커니즘이며 역시 긍정적으로 바라보아야 할 것이지 반드시 부정적으로만 바라볼 일은 아니다. 전보까지 감수해가며 몸으로 버티는 하급자나 전보라는 극단적 조치까지 취해가며 일을 관철하려는 상급자가 객관적 입장에서 보았을 때 모두 국가에 대한 깊은 애정을 바탕으로 하고 있는 경우가 많고, 그것이 사안에 대한 대립적 양상 이전에 나라를 떠받치고 있는 굳건한 힘이 되고 있는 것이다.

민주주의는 조직 내에서도 필요하다. 나는 언젠가 이 나라에도 조직 민주주의가 좀 더 크게 외쳐질 날이 올 것이라 생각한다. 마치 경제 민주주의가 얼마 전까지만 해도 개념조차 없다가 불현듯 중대한 국가적 테마로 떠오르듯이.

우려되는 문제는 이런 현상의 외중에서 당사자들의 인간적 미성숙이 감정의 앙금을 남기거나 불필요한 소모적 갈등으로 번져 조직에 비생산적 여파를 남기는 것이다. 그래서 이 대립과 갈등의 과정에는 특히 예의가 필요하다. 언행을 조심하고 사안에 대한 진지한 관심과 성실한 견해 이외의 요소가 개입하지 않도록 유의하여야 하는 것은 당연한 일이다. 상하 간 갈등이 생산적 과정이 되느냐 그렇지 않느냐 하는 것은 조직의 문화적 풍토를 보여주는 것이자 모든 조직 구성원들의 소양과 품격을 드러내는 기회이기도 하다는 것을 염두에 둘 필요가 있다.

공직의 선지자들

네덜란드의 동화 〈나라를 구한 소년〉을 모르는 사람은 없을 것이다. 실화는 아니고 국토의 많은 부분이 해수면 아래에 처해 있다 보니 국민들의 불안한 집단무의식이 만들어낸 동화라고 한다.

나라 공직에는 선각자 내지 선지자라고 부를 만한 사람들이 있다. 그들에게는 한 가지 뚜렷한 특징이 있다. 그것은 바로 남다른 위기의식이다. 그 위기의식의 모습이 바로 저 바닷가 제방을 지나던 네덜란드의 소년과 유사하다는 생각을 자주 했다. 지금 제방에 물이 새고 있다. 그냥 두면 나라가 온통 물에 잠길 수도 있다. 그런데 가까운 곳에는 나 혼자밖에 없다. 이런 의식이 그 소년으로 하여금 문제의 구멍에 팔을 찔러넣게 했던 것이다. 공직의 선지자도 마찬가지다.

제대로 가동되지 않으면 나라가 심각한 위기에 빠질 일은 의외로 많다. 교육이 제대로 된 방향을 벗어나도 나라는 위기에 빠진다. 복지가 균형을 잃어도 나라는 위기에 빠진다. 외채가 많이 쌓여도 나라는 위기에 빠진다. 물가에 대한 통제력을 잃어도 나라는 위기에 빠진다. 범죄가 만연하여도 나라는 위기에 빠진다. 국방은 말할 것도 없다. 나라를 일시에 휘청거리게 만들 세부항목은 수백 개가 될지 수천 개가 될지 알 수 없을 정도다. 그 각각의 업무에 대해 담당자들은 결코 많지 않다. 만약 그 중 한두 분야에 걸쳐서라도 담당자가 책임을 다하지 않고 있다면 그것은 저 물이 새는 제방과 다를 바 없는 것이다.

공직의 선지자들은 그 각각의 업무에 있어서 어떤 문제가 보이지 않게 진행되고 있는지를 날카로운 감각으로 깨닫는 소수의 사람들이다. 그들이 그런 일을 즐겨서 할 것이라 생각한다면 그것은 착각이다. 위기의식을 느끼는데 주변을 돌아보면 똑같이 위기의식을 느끼는 사람이 아무도 없다. 제방의 구멍에 팔을 넣은 소년이 그것이 좋아서 그랬겠는가? 아니다. 주변은 어둡고 밤은 오고 무섭고 불안하지만 자신이 그것을 하지 않으면 누구도 그것을 대신할 사람이 없다는 것을 느끼는 순간 아무것도 아닌 평범한 소년은 '나라는 구하는 소년'이 되는 것이다. 공직의 선지자들도 마찬가지다. 그들은 결코 특별한 사람들이 아니다. 단지 위기를 느끼는 남다른 감수성과 그로 인한 피할 수 없는 책임감밖에 지닌 것이 없는 사람들이다. 결코 원하지 않았던 일에 끌려드는 것처럼 그런 임무를 수행하게 된다. 그리하여 공직의 선지자들이 탄생하는 것이다. 그런 남다른 경험을 하고 니느웨로 가라는 명을 받은 요나처럼 황당한 의무감에 짓눌리는 체험을 해본 공직자들이 이 땅에는 의외로 적지 않다.

그들은 제일 먼저 상처받고 제일 먼저 부르짖고 제일 먼저 뛰쳐나가는 사람들이다. 남들이 무심히 있을 때 혼자 몸 달아 하고 남들이 잠자고 있을 때 혼자 깨어 있고 남들이 멍하게 입만 벌리고 있을 때 혼자 부르짖는 극소수의 사람들, 그들이 결국 그 시대, 그 사회의 선각자가 되고 선지자가 된다.

그런가 하면 아무런 위기의식도 느끼지 못하는 공직자들도 많다. 그들은 발등에 불이 떨어진 상황에서도 정신 나간 표정으로 발등만 내려다볼 것이다. 그런 사람들의 존재는 공직에서 직위의 고하를 불문한다. 분단이라는 기막힌 민족 현실의 한가운데를 지나고 있으면서도 그것을 당연한 조건처럼 인식하고 "그렇다고 해서 뭘 어떡할 건데……" 하고 남의 일처럼 눈만 멀뚱멀뚱했던 대통령이 있었고 그렇지 않았던 대통령이 있었다. 조직의 최말단에서도 그런 일은 똑같은 모습으로 나타난다.

어쨌든 아직도 나라 생각에 밤잠을 이루지 못하는 공직자는 많다. 이 나라가 이만큼이라도 견뎌나가고 있는 것이 어쩌면 그들의 덕분이라고 할 수 있다. 그 숫자가 비록 얼마 되지 않는다 하더라고 그런 공직자가 어딘가에서 눈을 부릅뜨고 고민하며 우리와 같은 공기를 마시고 있다는 사실은 우리의 희망이다. 우리가 절망할 수 없는 이유가 바로 거기에 있기도 하다. 그리고 그런 사람들과 한 시대를 함께 살고 있다는 동류의식은 우리를 끝내 외롭지 않게 할 것이다.

누군가가 하겠지—아무도 하지 않는다

나라에는 크고 작은 온갖 제도들이 시행되고 있다. 평범한 국민들도 이제는 일상적으로 그런 제도들 사이에서 혜택도 받고 규제도 받으며 살고 있다. 그러다 보면 얼핏 보아도 불합리해 보이는 제도와 접하는 경우가 많다.

'이건 왜 이럴까? 문제가 있는 것 아닐까? 이 제도는 이래야 되는 것 아닌가? 왜 이런 제도는 시행하지 않는 것일까?' 하고 생각을 하지만 국민들로서는 자세한 내용도 이유도 알 수 없고 심지어는 자신의 생각이 맞는지도 확신할 수 없기 때문에 불만스러운 대로 이 생각 저 생각 하다가 넘어가고 마는 것이 보통이다.

그런데 그런 상황 속으로 구체적으로 따지고 들어가보면 어떨까? 물론 그것이 자신의 오해인 경우도 있고 알고 보면 어쩔 수 없는 여건 때문인 경우도 많을 것이다. 그렇지만 의외로 그렇지 않은 경우도 많다. 다시 말해서 국민이 일차적으로 느끼는 것과 같이 실제로 제도가 불합리하거나 비효율적이거나 불공평하여 즉시 고치지 않으면 안 될 사정인 경우가 많다는 것이다. 얼마나 많을까? 나는 거의 모든 제도에 걸쳐서 평범한 국민들이 문제가 있다고 느끼는 사례의 절반 정도는 담당 공직자들도 그것을 인정할 것으로 본다. 그런데도 그것은 고쳐지지 않고 있고 시행되지 않고 있다. 왜 이런 어처구니없는 일들이 생기는 걸까?

국민들은 잘 모르는 공직 메커니즘에 관한 문제이지만 우선 그 제도를 고치거나 시행해야 할 책임 공직자의 수가 극소수에 불과한 것도 그 이유 중 하나다. 물론 그것은 우리나라만 그런 것이 아니라 다른 나라들도 마찬가지다. 한 나라의 공직자수가 수십만 명이라고 하지만 단순히 어떤 일을 집행만 하는 공직자를 제외할 때 제도의 틀이나 기준, 절차 등을 정하고 관리하는 공직자의 수는 그리 많지 않다. 그런가 하면 일의 종류 자체가 또한 만만치 않게 많다. 얼마나 세분화하느냐에 따라 달라지겠지만 비교적 큼직하게 나누더라도 나라가 다루어야 할 업무는 수만 가지가 넘을 것이다. 그러니 단위 업무별 공직자 수가 많지 못한 것은 어쩔 수 없는 일일 것이다. 그래도 국민들은 어떤 제도든 담당하는 부처나 기관이 있느니 만큼 그 권위에 걸맞는 '치밀한 시스템'이 잘 갖추어져 있을 것이라 생각한다. 그러나 정말 그럴까? 실제 그 핵심 부서를 찾아가면 불과 서너 명의 공직자만이 그 문제를 담당하고 있을 뿐이다. 그마저 직접적으로 책임을 맡고 있는 사람은 한두 사람인 경우가 많고 나머지 사람들은 보조인력이거나 관리자, 감독자에 불과한 경우가 대부분이다.

이제 그 제약된 시스템에 있어서나마 왜 그런 문제가 제대로 해결되지 않고 있는지 살펴보자. 우선 많은 담당자들은 자신의 직무와 관련하여 전문성이 부족하다. 직무는 날이 갈수록 복잡해지고 전문화되어가지만 공직자들은 대부분 이 업무를 맡았다가 저 업무를 맡았다가 하는 일반직들이다. 업무를 맡아 오랜 기간이 지나야 겨우 어느 정도 전문성이 갖추어지는데 공직자들은 대부분 2년을 전후하여 보직이 교체된다. 3년을 한 보직에 머무는 경우는 흔치 않다. 심지어 1년을 전후로 교체되는 경우도 드물지 않다. 그러니 어느 세월에 전문성을 갖추고 그것을 바탕으로 실력을 발휘하겠는가? 이 문제는 거의 모든 공직 현장에서 심각하게 나타나고 있지만 어느 누구도 이 문제의 근원적 해결을 위해 나서는 사람이 없는 것이 솔직한 현실이다.

전문성 부족 문제와 일정하게 구분되는 문제로 역량의 문제도 있다. 전문성을 갖추었다 하더라도 다른 역량은 충분한 사람이 있고 부족한 사람이 있다. 역량이 있는 사람은 전문성을 갖추면 바로 업무 개선에 착수할 수 있다. 그러나 전문성이 있더라고 개인적 역량이 부족한 사람은 일을 어떻게 추진해야 할지 몰라 갈팡질팡하거나 우왕좌왕하다가 자리를 떠나는 경우가 많다.

그 역량 부족의 가장 빈번한 사례가 무사안일이라는 말로 뭉뚱그려지고 있는 다양한 형태의 책임 회피가 있다. 무언가를 새로 시행한다거나 기존의 제도를 고친다거나 하는 일은 안 그래도 각종 논란과 물의를 불러올 가능성이 있다. 전반적으로 개선은 되지만 어느 일각에는 부담을 안겨주는 경우도 있다. 또 나쁜 부작용을 수반하는 경우도 있다. 그러다 보니 차라리 그냥 두는 것이 좋지 않겠느냐 하는 나약한 생각을 하게 되는 것이다. 한마디로 긁어 부스럼을 만들지 않겠다는 것이다.

그 책임 회피의 양상은 너무나도 다양하다. 단적인 예로 담당자는 상급자에게 책임을 미룬다. 이런 중요한 일은 위에서 하라고 해야 하는 것이지 위에서 아무런 지시도 없는데 밑에서 먼저 하겠다고 안을 올리는 것은 무뢰하고 윗선에 부담만 안겨준다는 기묘한 논리를 편다. 반대로 윗사람은 아랫사람에게 책임을 미룬다. 그런 문제는 담당자들이 알아서 추진하는 것이지 아래에서 가만히 있는데 위에서 이래라 저래라 하는 것은 비정상적인 짓이라고 논리를 편다.

이러다 보니 아랫사람은 윗사람에게, 윗사람은 아랫사람에게 일의 주도권을 미룬다. 때로는 아랫사람은 의욕을 갖는데 윗사람이 부정적인 시선으로 바라보는 경우도 있고, 반대로 윗사람이 의욕적으로 일을 추진하려고 하는데 아랫사람이 부정적인 시각에서 요리조리 일을 회피하는 경우도 있다. 결국 일이 성사될 수 있는 모든 조건이 갖추어지기까지는 아무것도 되는 일이 없다.

아래 위로만 일이 미루어지는 것은 아니다. 때로는 전후임 간에도 미루어지는데 어떻게 보면 이 경우가 더 흔하다. 전임자가 해야할 일이었는데 하지 않고 있다가 물려준 일을 왜 내가 도맡아해야 하는가. 나도 그 부담을 떠맡지 않겠다 하는 자세도 비일비재하다. 일이 두 개 이상의 부서에 걸쳐 있어 함께 움직여야 하는 경우에는 어떤가? 당연히 서로 주도적으로 나서지 않으려고 이리 빼고 저리 빼는 행태가 등장한다.

뿐만 아니다. 승진을 앞두고 있는 공직자가 얼마나 몸조심을 하는

지는 너무나도 잘 알려진 사실이다. 미묘한 시기에 시끄러운 문제가 발생하여 공연히 승진에서 탈락하지 않도록 매사에 조심조심하는 모습을 비굴한 짓이라고 생각하는 공직자가 몇이나 될까? 거의 없을 것이다. 내가 승진이 되든 안 되든 나는 이 시점에서 공직자로서 나의 책임을 다하는 것이 나의 임무라고 생각하는 공직자가 몇이나 될까? 역시 거의 없을 것이다. 있다면 그는 별난 사람이라는 기묘한 시선에 시달리지 않을 수 없을 것이다. 이런 다양한 회피 속에서 관련자들은 막연히 이런 이야기를 스스로에게 한다.

"누군가가 하겠지"

이런 비굴한 독백도 어쩌면 담당자로서의 책임감에서 나오는 것일지도 모른다. 그러면서 스스로 보직이 바뀌어 그 자리를 떠날 때 그는 실제 누군가가 언젠가는 그 문제를 해결하리라 생각하는 것이다. 과연 누군가가 해결할까? 나는 그런 독백을 뇌까리는 대한민국의 모든 공직자들에게 다음과 같이 말하고 싶다.

"당신이 하지 않는 한 아무도 하지 않는다."

결국 제도에는 모순이 쌓이고 효율성은 떨어지고 국민들의 불만은 늘어가게 될 것이다. 그리고 대한민국은 소리 없이 가라앉는다. 한 국가의 흥망성쇠가 이런 일들의 누적에서 발생하는 것이다. 지구상에는 지난날 명성을 떨치던 국가가 지금은 무력하게 가라앉아 있는 국가가 있고 이름 없던 국가가 당당하게 선진국의 대열에 끼어 있는 국가가 있다. 50년 후의 대한민국도 필시 지금과는 다른 모습일 것이다. 더 위대한 대한민국일 수도 있고 삼류국가로 전락한 모습일 수도 있다. 그것이 공직자들의 태도 여하에 달려 있지 않다고 누가 장담할 수 있겠는가?

　결국 이런 암울한 틀을 깨고 제도를 개선하고 국민의 불만을 해소하는 것은 이런 어려움을 무릅쓰고 공직자로서의 자존심 하나로 일을 향해 돌진하는 사람이 있어야 해결되는 것이다. 이런 별난 사람들이 우리나라 공직사회의 단 5%만 구성하고 있다 하더라도 나라의 미래는 밝을 것이다. 나는 묻고 싶다. 당신이 그 5%가 되지 않겠는가? 50년 후 대한민국의 모습을 결정할 방향타를 당신이 쥐고 있다고 생각해보라! 그리고 답해보라!

A4 한 장의 경륜

어떤 난해한 사안도 최종적인 의사결정 데스크에 올라갈 때에는 A4 한 장으로 정리될 수 있고 또 그래야 한다고 나는 믿는다. 사안에 따라서는 복잡한 사안도 있는 만큼 A4 한 장은 좀 지나치지 않느냐 하는 생각을 할 수도 있을 것이다. 그러나 복잡한 사안은 복잡한 대로 역시 A4 한 장으로 얼마든지 압축될 수 있다는 것이 나의 생각이다.

공조직에서 작성되는 많은 보고서들을 보면 읽는 사람을 이리저리 미시적으로 끌고 다니기만 할 뿐 도무지 그 사안의 실체나 최종적인 모습을 제대로 보여주지 못하는 경우가 많다. 심지어 조직에 잘못된 문화가 자리 잡으면 일의 성과가 문서의 분량에 비례하는 것처럼 간주된다. 얇은 보고서는 당연히 무성의나 무지를 의미한다. 만약 어떤 조직에 그런 잘못된 문화가 만연해 있다면 리더는 "앞으로 모든 보고서는 A4 한 장으로 한정하라. 나머지는 첨부 자료로 가지고만 있다가 요청이 있을 때에만 제출하라"는 지시를 해보는 것도 좋을 것이다.

만약 정말로 그런 지시를 해본다면 재미있는 현상이 벌어질 것이다. 일단 지시가 시달되면 보고서는 A4 한 장이라는 외형은 갖출 것이다. 문제는 그것이 어떤 한 장이 되느냐이다. 아마 가장 흔한 유형은 미시적으로 나열되어 있던 부분적인 것들을 아무런 질적 제고 없이 단지 그 분량만 줄여서 보고하는 것이 아닐까 한다. 압축을 단순한 분량의 축소로만 생각한 결과이다. 그렇게 되면 거칠고 서투른 단순화가 뒤따르는 것은 불가피해진다. 그것은 일종의 캐리커쳐화로서 진정한 압축의 시늉에 불과하며 매우 위험한 현상이기도 하다. 충분한 숙고와 고민을 거치지 않고 이루어진 단순화라면 함량 미달의 잘못된 그림일 수가 있고 그렇다면 사안에 대한 정책적 판단을 크게 그르칠 수도 있기 때문이다.

A4 한 장은 근본적으로 분량의 문제가 아니다. 그 점을 분명히 인식해둘 필요가 있다. 진정한 A4 한 장은 오랜 경험, 사안에 대한 치밀한 접근, 길고 긴 고민, 그 사안을 둘러싼 종합적 여건에 대한 충분한 섭렵, 그리고 빈틈없는 과학적 접근 등이 종합적으로 빚어내는 멋진 '작품'이다. 그것이 가능할 때 모든 것은 저절로 A4 한 장으로 귀결한다. 말하자면 A4 한 장은 작위적인 것이라기보다 오랜 경험과 신중한 판단력이 자연스럽게 만들어내는 결과이고 성숙된 공적 인물이 가지는 진지한 인식의 원래 모습이라 할 수 있다.

사안을 A4 한 장에 담는다는 것은 그 사안을 원경에서 포착한다는 뜻이기도 하다. 이 세상에서 아무리 큰 풍경도 원경에 의해 한 장으로 잡히지 않을 풍경은 없다. 그러나 원경으로 포착하기 위해서는 특별한 시야를 필요로 하고 시야는 보는 사람의 입지, 즉 시점視点을 필요로 한다. 시점은 저절로 주어지는 것이 아니라 그 사람의 입지가 일정한 고지高地에 있을 때 비로소 가능해지는 것이다.

　이를테면 금강산 일만이천봉을 화폭에 담는 일을 생각해보자. 평지에서 접근하면 일만이천봉을 일일이 찾아다니는 것밖에는 달리 방안이 없다. 무수한 세월이 걸리고 최종적으로 보고서는 일만이천장에 달할 것이다. 그러나 누군가는 비로봉에 오르는 방법을 택한다. 험한 고개와 깎아지른 절벽을 오르게 될 수도 있지만 그런 노력 끝에 이윽고 비로봉에 오르면 발아래에 까마득히 저 일만이천봉이 전개되는 것이다. 최종 보고서는 당연히 A4 한 장이 될 것이다. 문제는 시점이고 그 시점은 각고의 노력을 다해 상상봉에 오른 사람에게만 허용되는 것이다. 그 과정은 가히 구도求道의 과정에 필적한다. 나는 공직의 가장 높은 경지에는 그런 구도적 요소, 종교적 경건성에 상당하는 차원이 있다고 믿는다. 그것은 종교적 개안開眼과 같이 진지하고 수준 높은 '공직의 개안'이다. 그러므로 그런 시점이 확보되지 않고 그로 인해 시야 자체가 확보되지 않는 사람에게 그러한 안목을 요구한다면 그것은 어쩌면 과욕이 될 것이다.

　명쾌한 결론을 찾지 못하고 지지부진하게 이 소리 저 소리가 이어지는 것은 그런 시점이 확보되지 않아 애초부터 그럴 수밖에 없었음을 알 필요가 있다. 거기에는 적지 않은 시간이 필요한데 노력하지 않고 안이하게 보낸 시간은 아무런 소용이 없음은 말할 나위도 없다. 모든 공직자들은 그 점을 생각해야 하고 모든 리더는 그 점에 입각하여 공직자들을 양성하고 기다릴 필요가 있다.

리더가 아무런 인식 없이 두터운 보고서는 성실하고 열심히 한 것, 얇은 보고서는 불성실하고 나태한 증거라도 되는 듯한 선입견에 속절없이 빠져 있다면 공직은 천박한 머슴들이 뒹굴고 있는 머슴방에서 결코 벗어날 수 없을 것이다.

내가 이 자리에 얼마나 있을 거라고……

무언가 해결해야 할 과제를 안고 있는, 책임 있는 공직자가 그 과제를 해결하려 하지 않고 미적거리며 눈치를 보는 것은 이 나라 공직사회에서 흔히 볼 수 있는 현상이다. 그들은 속으로, 때로는 아예 드러내놓고 이야기를 한다.

"내가 이 자리에 얼마나 있을 거라고……."

이런 행태를 지켜보는 심정은 한마디로 참담하다. 결국은 인식의 차이다. "내가 이 자리에 얼마나 있을 거라고" 하는 사람은 주어진 과제가 가지고 있는 중요성이나 심각성에 대해 대부분 진지한 인식을 갖지 못하고 있다. 현재 그것이 가지고 있는 문제의 뿌리를 보지 못하고 그것이 이 사회나 역사, 국민적 삶에 이어지는 연관성을 제대로 파악하지 못하고 있다는 것이다. 또 그것을 해결해나가는 방법이나 루트가 시야에 들어오지 못하고 있는 경우도 많을 것이다. 결국 자신의 직무와 관련하여 도무지 절실한 인식이 없는 것이다. 대신 공연히 그것을 추진하여 야기될 문제, 안게 될 업무상의 어려움, 후유증, 이해단체들의 대립 또는 그런 상황을 외부 또는 상부에서 표면적으로만 평가하여 자신이 당하게 될 인사상의 불이익 등을 생각하면 소신껏 그 일을 밀어부칠 동력이 자신 안에서 나오지 않는 것이다.

더구나 짧으면 1년 길어도 2년을 잘 넘기지 못하고 자신의 일을 다른 사람에게 넘겨주고 마는 저 잦은 보직변경을 겪다 보면 '나의 일'이라는 것이 따로 없고 모든 일에 걸쳐 나도 지나가는 한 사람의 나그네일 뿐이라는 속된 인식이 자리 잡기 쉬운 것이다. 이런 현상은 우리나라 공직사회 전반에 너무나도 보편적으로 발생되는 현상이고 그것을 볼 때마다 참담한 느낌을 금할 수 없지만 그것을 고치고 바로 잡을 획기적인 방법이 따로 없다는 점이 더욱 이 문제 앞에서 우울해지는 이유가 되기도 한다.

한 사람의 공직자가 어떤 직무상 과제와 관련하여 자신에게 미칠 사사로운 이해득실을 따지지 않고 오로지 이 사회와 이 나라 그리고 이 국민을 위하여 열정을 가지고 거침없이 매진하는 것이 왜 손쉽게 확립되지 못하는 것일까? 조선 후기의 어지러운 역사 단계에서 그렇게 몸바쳐 일하는 공직 풍토가 얼마간이라도 확립되어 있었다면 천추에도 잊을 수 없는 저 망국의 부끄러움만큼은 피할 수 있지 않았을까? 그런 부끄러움을 겪고 간신히 건설한 나라에서 여전히 과거를 반성하지 못하고 공직자들이 안이하고 무사태평한 의식으로 무엇이 자기 앞에서 진행되고 있는지조차 제대로 인식하지 못하고 나약하고 비겁한 이해타산에 젖어 잘은 주판알만 튕기고 있다는 것은 참으로 기막힌 일이 아닐 수 없다.

결국 멀리는 민도民度가 향상되고 그런 향상된 민도를 바탕으로 관도官度도 향상될 때 이 문제도 근원적으로 해결이 되겠지만 그런 결과를 만들 수 있기 위해서는 몇몇 열정적인 공직자의 심장이 터지는 고통이 선재되어야 하는 것이라 생각한다. 그런 고통도 겪지 않고 순풍에 돛단 듯이 경제가 순조롭게만 성장하면 이런 문제도 자동적으로 해결될 것처럼 안이하게 여기다 보면 어느덧 우리는 다시 암담한 역사 단계로 진입하게 될 수 있다는 것을 유념하여야 할 것이다.

정치가들이 포퓰리즘에 휘청거리고 아무 생각 없이 주어진 상황에서 적당히 좌면우고하면서 교통정리나 하면서 그럴듯한 정치적 구호로 언성만 높이면 될 것처럼 여기는 풍토에서 공직사회가 저절로 자기 길을 밝혀갈 수 있겠는가? "내가 이 자리에 얼마나 있을 거라고"가 아닌 "내가 이 자리에 하루를 있을지라도" 하는 정기탱천正氣撑天의 자세가 이웃을 부르고 이윽고 한 시대의 목소리를 형성하는 것을 우리는 간절히 보고 싶은 것이다.

일은 직위가 하는 것이지
사람이 하는 것이 아니다?

공직 인사와 관련하여 "일은 직위가 하는 것이지 사람이 하는 것이 아니다" 하는 매우 속된 이야기가 공직사회 일각에 유포되어 있는 것을 아는 사람은 다 알 것이다. 일은 누구든 그 자리에 앉으면 다 할 수 있다는 뜻의 이 속설은 그야말로 속악하기 짝이 없는 이야기다. 이런 이야기가 무슨 경험적 지혜나 되는 것처럼 공직사회에 유포되어 있다는 사실 자체가 부끄러운 일이며 이는 우리 공직사회의 천박함과 무지를 드러내는 것이다. 또 의식 있는 공직자들에게 있어서는 참기 어려운 모욕이기도 하다.

"빙글빙글 도는 의자, 회전의자에 임자가 따로 있나 앉으면 주인이지" 하는 옛 유행가도 있지만 지난날의 맹목적 출세주의에서 비롯된 이런 잘못된 인식이 1960년대도 아닌 21세기에서, 민간도 아닌 공직에서 아직도 떠돌고 있는 것은 전체 공직, 특히 이런 속설의 진원 역할을 한 권력 상층부를 비롯한 정치권에서 심각하게 반성하지 않으면 안 될 일이다.

정권 교체기만 되면 수많은 사람들이 권력의 동향이 어떻게 되는가에 따라 눈을 반짝인다. 그리고 어떻게 해서든 무슨 특보니 뭐니 하는 직함 하나라도 차지하려고 안간힘을 쓴다. 권력은 권력대로 그들에게 적합하지도 않은 자리를 찾아 논공행상을 한다. 이것이 이제는 거의 관행이 되었고 새로운 전통으로 자리를 잡아가면서 결국 일은 아무나 앉히면 다 할 수 있다는 지저분한 진리를 만들어내기에 이른 것이다.

생각해보자. 정말로 필요한 것은 능력과 자세가 아니라 욕심이라는 생각이 공직사회에 자리 잡는다면 나라의 미래가 어떻게 되겠는가? 일은 다들 아랫사람들이 해주는 것이야. 걱정할 것 없어. 누구나 다 그래. 누구는 무슨 특별한 재주가 있어서 그런 자리를 차지하고 있는 줄 알아? 이런 얘기를 공직을 맡을 자 스스로가 하고 있을 뿐 아니라 임명권자마저 하고 있는 것이 이 땅의 현실이다.

반대로 나라의 중요한 자리를 두고 누군가가 "그 직위를 감당할 수 있을지 걱정스럽다"고 말한다면 그것은 매우 의례적인 겸손이자 다들 그러는 제스처라고만 생각할 것이다. 그리고 누가 정말 그렇게 생각한다면 그것은 단지 그가 소심하거나 겁이 많은 탓이라 여길 것이다. 정말 기막힌 가치의 전도가 아닌가? 그러나 공자는 그런 자세야말로 공직으로 나아가려는 자에게 가장 먼저 요구되는 미덕이라고 생각했다.

선생님께서 칠조개에게 관직을 맡으라 하시니 그가 선생님께 말했다.
"그것을 감당할 수 있을지 저는 자신이 없습니다."
선생님께서는 기뻐하셨다.(『논어』 공야장/6)

子使漆雕開仕.對曰.吾斯之未能信.子說.

중임을 맡아 어깨가 무겁다는 말이 단지 의례적인 말이 아니라 아무도 들어주는 사람이 없는 자리에서 자기 자신에게 하는 솔직한 말로 자리 잡을 때에 이 나라 공직의 진실도 제자리를 잡을 것이라 생각한다.

왜 모든 사건사고에는
문책당할 사람이 있어야 하나?

한국의 관료사회에서는 무슨 커다란 사건, 사고가 발생하면 그 사건의 일차적 충격이 지나간 뒤에 반드시 이어지는 이차적 과정이 있다. 그것은 바로 그 사건에 대해 책임질 사람을 정하고 문책하는 과정이다. 미국인 선교사의 아들로 한국 땅에서 태어나 한국과 미국의 문화적 위상차를 누구보다 실감하며 살아온 의사 인요한은 그런 차원에서 아주 흥미로운 경험담 하나를 어느 신문의 칼럼에서 소개하고 있다.

초등학교에 다닐 적 일이다. 고향 전남 순천 인근 산에 큰 산불이 나 전소하다시피 했다. 지역 어른 대다수는 군수가 물러나야 한다고 했다. 나를 포함한 형제들은 이런 분위기가 의아했다. 군수가 불을 지른 것도 아니고 불이 나라고 기도한 것도 아닌데 왜

군수가 물러나야 하는 것일까. 미국인 선교사였던 아버지는 종종 우리 형제들을 앉혀놓고 한국 문화가 서양과 어떻게 다른지 설명했다. 자칫 우리가 '다름'을 넘어 '틀림'으로 이해하는 일을 우려했기 때문이다.

"한국 문화에서는 흉한 일이 생겼을 때 누군가 책임을 져야 조용히 일이 끝난다. 백성들이 잘못하더라도 관이 책임을 지는 문화다. 한국 백성들은 수천 년 동안 관으로부터 착취를 당했지만 동시에 백성이 받아들이지 못하는 행동을 하면 관직에 있는 사람이 물러나야 한다. 이것은 서양에서는 찾아보기 힘든 문화다."

얼마 뒤 군수는 조용히 물러났다. 다른 관직으로 옮긴 것도 아니었다. 그는 완전히 관복을 벗었다. 어린 나이였지만 산불 한 번에 공무원 생활이 끝나다니 가혹하다는 생각이 들었다.

그는 이런 문책 관행을 한국의 문화적 특성으로 볼 여지도 있다고 다소간 유보적인 입장을 취하고 있지만 주된 논지는 결국 공공행정과 관련하여 발생한 사건에는 반드시 누군가 처벌받을 사람이 나와야 하는 것이 당연하다고 믿는 한국 공직사회의 이상한 풍토를 지적하는 것이었다. 무리하게 희생자를 내는 기준이 바로 그 사건이 상부에 보고되어 불거졌는가, 언론에 보도되어 사회적 논란거리로 비화되었는가 하는 것일 때 이 이상한 풍토는 많은 공직자들로 하여금 열패감에 휩싸이게 한다.

이런 책임 지우기의의 가장 전형적 사건이 이른바 '변양호 신드롬'이라는 조어를 만들어낸 외환은행의 론스타 매각 사건이다. 2002

년경 외환은행의 재무구조는 최악의 상황에 이르고 있었다. 잠재부실을 반영할 경우 BIS비율은 잘 봐주어도 4%대였다. 만약 그것이 외부로 알려져 대규모 예금인출 사태가 발생하면 외환은행은 물론 관련 기업 등 한국 경제는 심각한 위기에 처할 수도 있었다. 금융감독위원회도 결과를 감당할 수 없어 외환은행이 BIS비율을 8%로 허위 발표하는 일을 눈감아주고 있었다. 주인인 은행도 감독당국도 외부 자본의 유입 없이는 대란을 피하기 어렵다는 것을 알았지만 아무도 선뜻 나서지 않았다. 모두 재정경제부만 쳐다보고 있었다.

당시 재정경제부 금융정책국의 변양호 국장은 행정고시 수석합격, 미국 북일리노이대 경제학 박사 취득, 국제통화기금 스태프, 월스트리트 저널 '세계경제를 이끌어갈 15인' 선정 등 젊은 나이에 이미 전설적인 캐리어를 지닌 신예 관료였다. 그는 금융기관 사람도 감독기관 사람도 아니었지만 재경부만 쳐다보는 상황에서 자신에게 쏠리는 소명을 마다하지 않았다. 동분서주, 천신만고 끝에 그는 외환은행의 론스타 매각을 성사시켜 위기를 정면 돌파하였다.

그 후 나라는 국민의 무수한 희생과 고통을 딛고 서서히 외환위기에서 벗어났다. 기업들은 엄청난 부를 남기기 시작했고 론스타도 예외가 아니었다. 그러자 슬금슬금 헐값매각설이 피어나기 시작했다. 헐값매각설은 순식간에 온 신문을 뒤덮었고 급기야 한 시민단체가 관련자들을 검찰에 고발하기에 이르렀다. 어느 날 변양호 전 국장은 이른 아침 출근길에 집 앞에서 긴급체포되었다. 아무 단서도 없는 검찰은 소위 별건수사라는 편법을 써서 론스타 사건과는 무관한 현대자동차 로비사건을 빌미로 그에게 1억 원의 뇌물수수죄를 적용했다.

재판은 뇌물사건을 중심으로 지루하게 이어졌지만 정작 검찰은 뇌물사건에는 아무런 관심도 없었다.

그러나 론스타 사건은 아무리 뒤져도 나올 것이 없었다. 뇌물사건은 로비스트가 로비 자금을 가로채고 거짓말을 한 것으로 드러났다. 결국 대법원은 고법의 유죄판결을 뒤집고 사건을 고법으로 파기환송하였다. 재판은 다시 이어졌지만 결국 사건은 긴급체포 후 만 4년 4개월 만에 무죄로 결론이 났다. 이 과정에서 핵심 피고인이었던 변양호 금융정책국장은 두 번의 명언을 남겼다. 한 번은 뇌물사건 1심 공판 최후진술에서였다.

"남대문 화재는 지붕의 기와를 뜯어내고 물을 뿌려야 진화가 가능했던 안타까운 화재였습니다. 국가 위기 때에도 그런 전문지식과 그것을 관철시킬 수 있는 추진력 있는 관료가 필요합니다. 관료가 그런 일을 하지 못하면 나라에도 남대문처럼 위기가 오게 마련입니다. 저는 기와를 뜯어내고 물을 뿌려 나라 경제의 전소를 막았습니다. 그랬더니 검찰은 저를 기와 훼손죄로 기소했습니다."

다른 한 번은 대법원의 파기환송 결정 후 교도소 문밖에서 행한 기자회견에서였다.

"저는 우리 사회의 비뚤어진 광기와 검찰의 공명심이 만들어낸 희생물입니다."

그의 말은 우리나라 전체 공직자들과 그 공직자들이 사명감을 가지고 일할 수 있는 여건을 만들어주어야 할 책임이 있는 사람들이 부끄러운 마음으로 경청해야 할 말이라 생각한다.

공조직의 내부에서 발생하는 사건의 문책도 같은 논리에 따르고 있다. 이를테면 전기설비가 원인 모를 고장을 일으켜 발생한 정전사고에 대하여 전기 담당 직원이 중징계를 당하는 사례도 있었다. 역시 기본적인 생각은 정전이라는 크고 위험한 사태가 발생하였는데 누군가는 책임을 지지 않으면 안 된다는 것이다. 누군가에게는 죄를 물어야 유사시에 대외적으로 할 말이 있다는 생각이 깔려 있는 것이다. 누군가의 인권이 부당하게 유린되고 있지 않은가 하는 것은 아예 시야에 들어오지조차 않고 있다는 것은 슬픈 일이 아닐 수 없다.

우리나라 감사원은 이러한 공직 내외부의 거칠고 유치한 인식을 집약하고 있는 기관이라 할 수 있다. 그러나 감사원 혼자서 이러한 역사의 무거운 바위를 밀쳐낼 수는 없다. 거기에는 국가적, 역사적 차원에서 만들어가는 민도의 향상이라는 것이 뒷받침되어야 하기 때문이다. 현 단계에서 감사원에 필요한 것이 있다면 거기에 심각한 문제가 있다는 사실에 대해 정직한 인식만이라도 가지고 있어야 한다는 것이다. 그것을 마치 당연한 룰처럼 여긴다면 감사원은 이런 비인간적 관행의 본산에 불과하겠지만 그 문제를 정확히 인식하고 고민하기 시작한다면 조만간 새로운 물결을 만드는 데에 선구적 역할을 할 수도 있을 것이다.

단도직입적으로 말하자면 우리나라 공직사회는, 더 나아가 전체 우리나라 사회는 책임과 권한 그리고 인권 등에 대한 민주적 인식이 채 자리를 잡지 못하고 있다. 이런 큰 사건에 대하여 누구 하나 문책도 되지 않았다고 한다면 국회의원들의 추궁에 뭐라고 답해야 할 것이냐 하는 이야기를 당연한 듯이 공개적으로 하는 공직 풍토에서 죄 없는 어느 한 공직자를 무참하게 징계하는 이유를 어떻게 물을 수 있겠는가?

그러나 단지 그 사건의 결과가 크기 때문에, 그것이 외부로 널리 알려져 문제가 커졌기 때문에 어느 누군가는 책임을 지는 사람이 나와야 한다는 논리가 받아들여진다면 그 옛날 한 사람의 죄를 3대가 뒤집어쓰고 멸족을 당하던 저 무지한 연좌의 세월과 무엇이 달라졌다고 할 것인가. 우리 사회는 아직도 민주주의의 제반 원리가 제대로 받아들여지지 않았다. 긴 사설을 생략하고 인요한 씨의 담담하지만 따가운 지적 한마디를 경청할 필요가 있다고 생각한다.

> 정부 당국에 책임을 묻는 방법 역시 바뀔 필요가 있다. 무조건 높은 사람에게 책임을 묻기 전에 누가 정말 책임이 있는지 꼼꼼히 따져봐야 한다. 책임을 추궁하는 방법은 감정적이 아니라 과학적이어야 한다. 누가 허가하고 도장을 찍었는지, 허점이 있었다면 왜 그랬는지, 누구의 부패 탓인지, 제도 자체가 잘못인지 짚어봐야 한다. 누군가 피해를 보지 않으면 대충 넘어갔다가 피해를 보면 벌떼처럼 들고 일어나지는 않았나. 한국의 경제력과 위치는 보다 성숙한 시민의식을 요구하고 있다.

3

곧은 폴대가
튼튼한 천막을 세운다

조직의 리더와 천막의 폴대

큰 조직이든 작은 조직이든 조직의 리더가 가지는 역할을 나는 종종 천막의 폴대에 비유해왔다. 천막을 생각해보자. 천막은 가운데에 서 있는 폴대를 중심으로 방사형放射形으로 펼쳐져 있다. 그 천막은 여러 개의 보조 폴대를 거쳐 지면의 펙에 연결되어 있다. 잘 쳐진 천막은 튼튼한 폴대와 역시 튼튼한 보조 폴대, 그리고 팽팽하게 당겨진 밧줄, 땅에 잘 박힌 펙을 생각하지 않을 수 없을 것이다. 그 중에서도 가장 중요한 역할을 맡고 있는 것이 폴대다. 천막을 칠 때 가장 먼저 하는 일도 폴대로 천막 한가운데를 떠받치는 일이 아닌가. 그렇다면 좋은 폴대는 어떠해야 하는가?

첫째, 그것은 천막을 적당히 펼쳐 받칠 수 있을 만큼 높아야 한다. 만약 폴대의 키가 천막의 크기에 비해 너무 작다거나 보조 폴대의 키와 비슷하다거나 하면 어떻게 될지 상상해보자. 천막의 모양이

기괴해지지 않겠는가? 또 과연 전체 천막을 제대로 떠받칠 수 있겠는가?

둘째는 폴대의 굵기다. 사오십 명이 들어갈 만큼 큰 천막이라면 천막 자체의 무게도 만만치 않을 것이다. 그러므로 폴대는 키만 커서 될 일이 아니라 동시에 제법 굵지 않으면 안 될 것이다. 폴대의 굵기가 손가락만하다면 무게를 이기지 못하고 부러지거나 이리 휘청 저리 휘청 하다가 결국 천막을 주저앉히기가 십상일 것이다.

셋째는 폴대의 곧기와 바로서기다. 휘어져 있거나 비스듬히 서 있는 폴대를 생각해보자. 천막의 무게가 가볍다면 모르겠지만 무거운 경우 폴대의 조그마한 휘어짐도 폴대를 부러지게 만들고 비스듬히 서 있다면 한쪽으로 쓰러질 가능성이 높은 것이다. 폴대는 곧은 자세로 똑바로 서서 천막이 내리누르는 힘을 수직으로 받아낼 때에만 가장 효율적으로 폴대의 역할을 하게 되는 것이다.

넷째는 폴대의 중심잡기다. 충분히 높고 충분히 굵고 충분히 곧은 폴대라 하더라도 중심의 자리에서 떠나 있거나 엉뚱한 자리에 서 있다면 역시 폴대로서의 역할은 문제가 된다. 폴대는 사방 어느 곳에서 보더라도 전체 천막의 한가운데에 자리 잡고 있어야 한다.

어떤 조직도 다들 그럭저럭 구성되어 고만고만하게 돌아가고 있는 것 같지만 속을 들여다보면 결코 그렇지 않다. 가만히 있는 천막도 따지고 보면 매 순간 폴대의 상태에 따라 때로는 튼튼하게 때로는 위태롭게 그 시간을 헤쳐나가고 있다. 조직도 그와 같아서 매 순간 리더의 역량에 따라 조직의 구성원들에게 보람을 안겨주기도 하고 불안이나 절망을 안겨주기도 하며 저 나름의 안정되거나 불안한 항해를 하고 있는 것이다.

한때 지휘권을 잃은 지휘관을 본 적이 있다. 그 모습은 매우 비참하여 한동안 나는 조직의 리더와 관련하여 가정할 수 있는 가장 최악의 상황을 지휘권을 잃어버리는 것이라고 생각했다. 지휘권을 잃어버리는 것은 전적으로 지휘력의 부재에서 비롯된다. 이 당연한 사실을 분명히 할 필요가 있다. 지휘력이 있음에도 불구하고 조직원들이 무례하게 굴거나 유별난 제2인자가 하극상을 한다거나 하는 경우는 거의 없다고 해도 과언이 아니다. 문제는 당사자는 보통 그것을 그렇게 생각하지 않는다는 것이다. 그는 단지 결과적으로 야기된 혼란상에서 여러 가지 탓을 찾고 그래서 보통 누군가를 원망하게 된다. 그러나 실상은 자신도 모르는 지휘력의 부재, 안목의 부재, 정당성의 부재가 결국 조직관리의 여러 방면에서 잘못된 판단, 잘못된 처신, 잘못된 처리를 낳고 그것이 휘하 직원들의 반발과 조소를 거쳐 결국 조직 혼란을 유발하는 것이다. 그 전형적인 경우를 보면 대부분 위에서 언급한 폴대의 네 가지 요구사항 중 한두 가지에서 치명적인 결함을 보이고 있다는 것을 알 수 있다.

그러므로 조직에서 리더가 해야 할 일 중 가장 우선된 것이 있다면 그것은 바로 자신이 어떠한 폴대인가를 정직하게 자문해보는 일일 것이다. '나는 과연 어떤 폴대인가?' 하고 말이다. 그 모든 것을 갖추고 있는 리더는 거의 없을지도 모른다. 차선의 리더가 있다면 자신의 어떤 측면이 부족한지를 알고 겸허한 자세로 노력하는 리더일 것이다. 인간 세상을 살아보면 지상에 과연 최선이 있을 수 있을까 하는 의문을 가지게 된다. 그리고 어쩌면 차선이야말로 지상에 주어진 최선의 모습이 아닐까 생각해본다.

당연히 그 반대의 가정이 성립할 것이다. 세상에 과연 최악의 리더가 있을 수 있을까? 사람이란 각자의 달란트talent를 가지고 태어난다는 사실을 생각하면 지상에는 최선이 없듯이 최악도 없다고 하는 것이 옳을 것이다. 다만 그럼에도 불구하고 최악의 리더가 있다면 그것은 바로 자신의 부족을 인정하지 않고 그런 사실을 호도하거나 그에 저항하는 자가 바로 그 최악의 리더가 아닐 수 없을 것이다.

인사권은 권한이 아니다

인사권은 보통 경영권과 더불어 조직 수장의 가장 대표적인 고유 권한이라고 한다. 그래서 조직의 제2인자도 노동조합도 그 주변에는 얼씬도 하지 못하게 하는 것이 조직사회의 철칙처럼 여겨지고 있다. 그러나 나는 기회가 있을 때마다 인사권은 권한이 아니라고 강조해왔다. 인사권은 권한이 아니라 단지 의무, 가급적 많은 사람들이 폭넓게 동의할 수 있는 인사상의 결론을 찾아야 할 리더의 의무일 뿐이라는 것이다.

인사권을 인사권자의 고유권한이라고 힘주어 강조하는 사람들, 특히 그런 리더들의 사고를 검토해보면 인사권이야말로 조직을 장악하고 조직이 리더를 중심으로 돌아가게 하는 가장 대표적인 수단이라고 생각하고 있음을 알 수 있다. 조직운영의 통념에서 바라보면 그것은 당연한 것처럼 보인다. 그러나 그렇게 생각하는 사람들의 문제점은 그런 사고가 얼마나 폐쇄적인 사고인지 알지 못하고 있다는 사실이다.

인사권이 고유권한임을 강조하는 리더일수록 대부분 나약한 리더십을 가지고 있다. 강한 리더십이란 리더가 제시한 목표와 그 목표의 달성을 위해 취하는 리더 나름의 방식에 조직구성원들이 공감하고 동조하는 데에서 시작한다. 그것이야말로 강한 리더십의 본령을 이루는 것이다. 그런 차원에서의 리더십이 제대로 가동되지 않는 단계에서 동의하기 어려운 목표를 제시하거나 공감하기 어려운 방식으로 일을 추진하면서 그에 선선히 동조하지 않는다 하여 인사권을 들먹이며 조직원들을 움직여보려는 것은 진정한 리더십이 아니다. 그것은 리더십에 대한 착각이며 그렇게 생각하는 리더의 나약함과 옹졸함을 드러내는 것일 뿐이다. 그리고 그런 리더일수록 휘두를 수 있는 보다 세부적인 인사장치들, 이를테면 보다 세분된 승진 또는 탈락의 기전을 갖는다든가 무슨 인사상 승인권이나 추천권을 갖는다든가 하는 일련의 장악 계기들 대한 요구가 더 무성한 것을 볼 수 있다. 그 모두가 리더로서의 진정한 역량이 어디에서 오는지 모르고 그런 역량을 갖추지 못한 나약함에서 비롯된 것이다.

또한 그들은 인사를 주로 조직구성원들의 출세와 영달이라는 속된 질서에서 이해한다는 특성도 보이고 있다. 조직구성원들의 입장에서 보면 승진은 외면하기도 어렵고 집착하기도 어려운 것이다. 조직생활을 해본 사람이라면 아무리 욕심이 없는 사람이라도 승진이라는 것에 무관심하기가 매우 어렵다는 것을 잘 알 것이다. 그렇다고 해서 그것에 집착하는 것도 스스로 소졸한 인간이 될 수 있어 역시 곤혹스러움을 안겨준다. 승진은 그런 양면성을 가지고 있어 매우 조심스럽게 다루어지지 않으면 인간의 품위와 존엄을 해칠 우려가 있다. 리더가 조직구성원들의 그런 원초적인 '아픈 점'을 고려하지 않고 오히려 그 점을 약점으로 겨냥하여 인사권을 행사하고 그런 기반 위에서 자신의 리더십을 구축하겠다고 생각한다면 그것은 참으로 비인간적인 것이 될 것이다.

그렇게 생각하는 리더일수록 인사권을 얼마만큼은 인사권자의 사권私權으로 생각하는 경향이 있다. 그들은 마음속으로 "인사권에는 약간이라도 사권의 냄새가 나는 것이 좋아. 그래야 인사가 누구로부터 이루어지며 누가 이 조직을 좌지우지하는가를 알게 되기 때문이지" 하는 생각을 하는 것이다. 이런 감이 은연중이라도 풍겨나지 않으면 그들은 권한을 잡은 느낌이 들지 않을 것이다. 이런 어리석고 속된 생각이 만연된 곳에서 이른바 저 매관매직이 싹트게 된다. 매관매직은 조선조 말기에만 있었던 것이 아니다. 지금도 적지 않은 조직에서 매관매직이 이루어지고 있고 특히 눈에 잘 띄지 않는 지자체 등 지방조직에서는 승진을 미끼로 돈이 오가는 비리가 빈번히 발생하고 있다. 인사가 상거래처럼 이루어지는 기막힌 현장이 아닐 수 없다. 그런 현장의 아무런 의식도 없는 수장에게 있어서는 인사 문제에 있어서 공의公義에 스스로를 완전히 복속시키는 것은 마치 무장해제라도 당하는 것 같은 느낌이 들 것이다. 후진 사회의 공조직에서나 발생하는 어처구니없는 가치전도 현상이다.

국가와 같이 거대한 조직에서는 물론이지만 손바닥만한 작은 조직에서도 인사란 원래 '거룩한 질서'에 참여하는 일이고 그런 질서를 구축하는 작업이다. 인사人事가 만사萬事란 말은 그런 의미에서 맞는 말이다.

전설적인 이야기지만 요堯 임금이 성군으로 추앙받는 이유 중 하나는 그가 후계자인 순舜을 발굴하여 천하를 맡겼다는 사실이다. 그가 순을 찾고 양위하기까지는 수십 년의 세월이 걸렸다. 사람을 찾는 일을 하늘의 지엄한 명령처럼 생각하지 않았다면 나올 수 없는 행동이었고, 그런 행동이 없었다면 그는 성군이 될 수도 없었을 것이다.

인사는 조직이 조직 목표와 관련되는 일을 수행하기 위해 필요한 인적 기반만을 만드는 일이 아니다. 만약 그렇다면 인사가 만사라는 말은 수정되어야 할 것이다. 인사는 일을 포함한 조직의 모든 것을 망라하는 것이며 거기에 반영될 바람직한 질서를 찾아 리더가 혼신의 지혜를 다하지 않으면 안 되는 숭고한 의무인 것이다.

왜 사람들은 게으른 간부를 좋아하는가?

조직의 간부들을 분류하여 똑게형이니 멍부형이니 하는 말이 오래 전 나돌던 것을 기억할 것이다. 호사가의 얕은 관심에서 나온 말이니 거기에 큰 의미를 둘 일은 아닐지도 모른다. 이 말을 처음 들었을 당시 나도 그렇게만 생각했다. 그런데 묘한 것은 공직생활을 하는 도중 종종 이 캐리커쳐화된 분류가 생각났고 그 분류에 그냥 웃어넘길 수 없는 일리를 느낄 때가 많았다는 것이다.

혹 모르는 사람들이 있을지 모르니 간략하게 소개부터 하겠다. 조직의 상층 간부들은 네 가지 유형으로 분류를 할 수가 있는데 그 유형은 다음과 같다는 것이다.

똑게형 : 똑똑하면서 게으른 간부
똑부형 : 똑똑하면서 부지런한 간부

멍계형 : 멍청하면서 게으른 간부

멍부형 : 멍청하면서 부지런한 간부

이 네 가지 유형 중에서 가장 좋은 간부가 똑게형이고 가장 나쁜 간부가 멍부형이라는 것이다. 멍청하면 조용히라도 있는 것이 조직에 피해를 덜 줄 텐데 멍청하면서 부지런하기까지 해서 그릇된 판단을 확대하는가 하면 아랫사람들마저 피곤하게 하는 것이 멍부형 간부라는 것이다. 여기에는 별 이견이 없다. 그러나 가장 좋다는 똑똑하면서 게으른 간부를 놓고는 왜 구태여 게을러야 하느냐 하는 이견이 나오곤 했다. 똑똑한데다 부지런하기까지 하면 더 좋은 것 아니냐는 것이다.

그러나 이 우스갯소리에서 게으르다는 것은 기이하게도 메타포적인 요소를 가지고 있다. 그것은 그냥 게으른 것을 말하는 것이 아니라 간부가 가지는 행동의 특수성을 그리고 있는 것으로 보이기 때문이다. 가깝게는 간부가 너무 부지런하다 보면 조직원들의 자발성과 능동성을 저해할 가능성이 있다는 것도 그 한 가지일 것이다. 간부가 지나치게 부지런하여 실행의 부분에까지 뛰어들어 간여하면 조직원들은 아무래도 피동적으로 움직이게 된다. 또 간부는 어차피 모든 것을 다 알 수도 없고 다 관장할 수도 없으니 큰 틀이 잡히면 그 안에서 세부적인 그림을 그리고 작품을 만들어가는 것은 역시 여러 조직원들의 몫이 되어야 한다는 뜻도 있을 것이다.

그런데 게으름이란 메타포 안에는 그보다 더 큰 이념이 숨어 있는 것 같다. 거기에는 저 유명한 남면사상南面思想이 개재해 있어 보이기 때문이다. 동양의 정신에 있어서 임금이 북극성처럼 움직이지 않고 고요히 자리 잡고 앉아 오로지 자신의 방향성만으로 중신들과 백성들에 임하는 경건함이 이 우스개의 구조 안에 담겨 있다는 것이 신기해 보인다. 공자는 순 임금의 그런 자세를 천하운영의 기본으로 인정하고 있었다.

> "아무것도 하지 않고 다스린 자는 곧 순 임금이실 게다. 실로 무엇을 하셨겠느냐? 스스로를 공경히 한 채 똑바로 남면하셨을 뿐이다."(『논어』위영공/5)
>
> 無爲而治者, 其舜也與, 夫何爲哉, 恭己正南面而已矣.

고대 봉건사회의 왕이나 제후를 겨냥한 서술이라 다분히 원론적인 느낌이 없지 않지만 이 원론은 현대사회의 조직운영에 이르러서도 일정 부분 반영되는 바가 있어 우리도 조직 내 행위에서 그런 측면을 느끼는 것이 아닐까 한다. "게으름"은 바로 이 "무위"에 대한 우리의 느낌을 속되게나마 표현하는 것이라 할 것이다. 순 임금은 "아무것도 하지 않았다(無爲)"고 하니 저 우스개의 구조에서 말하자면 게으름의 극치였다.

대신 간부에게 일관되게 똑똑할 것을 요구하는 것은 북극성이 제자리를 지키는 것과 의미적으로 관련되어 있다고 볼 수 있다. 빗나가는 방향을 바로잡아주고 지향점을 잃지 않게 도와주는 것은 조직 간부, 특히 수장의 고유한 역할이고 존재 이유이기도 하다. 그런 점에서 조직은 직위가 높아질수록 부지런히 일한다는 것이 동분서주 뛰어다니고 실무적인 일을 챙기는 것이 아니라 늘 생각하고 조직의 방향성과 역할에 대해 마치 나침판의 바늘처럼 그 지남성指南性에 한순간도 해이해짐이 없이 깨어 있는 것이 될 것이다. 비록 해학적인 이야기에서 게으름으로 표현하였지만 조직의 간부가 가지는 부지런함이 상대적으로 취하게 되는 겉모습이 적어도 동분서주는 아니라는 점을 잘 지적해주고 있다. 어찌 간부의 자세가 게으름이 될 수야 있겠는가? 게으름 속에 깃든 무한한 성실, 한순간도 쉬임이 없는 그 바늘의 떨림을 진정으로 조직에 대한 책임감을 다해본 간부라면 충분히 이해할 수 있을 것이다.

많은 리더는 자신의 단점을
개성으로 착각한다

리더를 비롯하여 조직의 중요한 위치에 있는 간부가 심각한 단점을 가지고 있는 경우는 흔한 일이다. 특히 조직 리더의 단점은 단지 한 개인의 단점으로 그치지 않고 조직 전체의 운영에 크고 지속적인 영향을 미치기 때문에 조직의 문제점에 대해 언급할 때에는 자연히 리더의 문제점을 함께 언급하게 된다.

조직원들은 이미 오래 전부터 그의 그런 점을 지적하고 많은 곳에서 수근수근 이야기를 하지만 당사자는 대부분 그것을 잘 모른다. 어느 조직사회든 당사자에게 그것을 직접 얘기하는 것은 불가능에 가까운 일이기 때문이다. 그러나 어쩌면 누군가가 그 점을 일러준다 하더라도 그 단점이 개선이 될지는 의문이다. 왜냐하면 선명하게는 아닐지라도 대부분의 경우 당사자도 역시 자신의 단점을 어렴풋하게는 인식하고 있는 것이 보통이기 때문이다. 그런데도 왜 그는 그것을 개선하지 못하고 있는 걸까? 거기에는 대체로 두 가지 이유가 있다.

첫째, 그는 자신의 단점을 단점으로 인식하기보다는 자신의 개성이나 특징으로 인식하고 있는 경우가 많다. 이것은 매우 아이러니컬한 현상이기도 하다. 왜냐하면 그 당사자의 입장에서 보았을 때 자신의 모든 단점을 고스란히 단점으로 인식한다면 그는 아마 그 인식을 견딜 수 없어 파멸에 이를지도 모르기 때문이다. 단점을 당사자로 하여금 개성이나 특징으로 인식하도록 만든 것은 어쩌면 신이 인간을 그 자괴감이나 모멸감으로 인하여 괴멸해버리지 않도록 만드는 일종의 배려일지도 모른다.

그러나 역시 스스로의 발전이나 전체 조직 그리고 리더의 그런 개성 아닌 단점으로부터 심대한 영향을 받고 있는 무수한 조직원들을 고려할 때 이 복 받은 자기오해는 극복되어야 할 중대한 장애인 것이 분명하다.

둘째, 대부분의 사람들에게 자신의 중대한 단점은 자신이 자긍하는 장점과 단단히 결부되어 있어 양자를 분리시키기가 현실적으로 거의 불가능하다는 점이다. 이를테면 우유부단함이라는 단점은 신중함이라는 장점과 결부되어 있고 통솔력의 부족이라는 단점은 온유함이라는 장점과 결부되어 있다. 냉혹함이라는 단점은 단호함이라는 장점과, 오만함이라는 단점은 뛰어난 판단력이라는 장점과, 무원칙함이라는 단점은 호인 기질이라는 장점과, 융통성 없음이라는 단점은 원리원칙을 존중한다는 장점과 결합되어 있는 것을 우리는 흔히 볼 수 있다.

대부분의 경우 조직 리더의 단점에는 이 두 가지 이유가 서로 뒤섞여 작용하고 있다. 이유들은 너무나도 강력하여 개선은 한없이 어렵지만 그것을 극복하여야 할 당위성 또한 한없이 높다. 개성이나 특징으로 왜곡되어 있는 단점은 단점으로서의 성격을 솔직히 드러내면서 개선점을 찾아나가야 한다. 자신의 정체성을 흔드는 것이라 그 개선이 불가능하다고 믿는다면 어떤 의미 있는 변화도 만들어낼 수 없을 것이다. 그러나 자신에게 솔직하고 정직하려고 하는 의지만 있다면 의외로 모든 것은 쉽게 극복할 수 있다.

단점이 장점과 결합되어 있는 데에서 생기는 문제도 마찬가지다. 자기 자신만이 해결할 수 있는 이 문제도 스스로를 면밀히 관찰하려는 의지가 있다면 가능성은 언제나 열려 있다고 할 것이다. 자신의 장점이 동시에 단점으로 나타나지 않도록 하는 데에는 예리한 자기 관찰을 토대로 사이비를 가리려는 의지가 있어야 한다. 일찍이 공자의 제자들은 공자를 지켜보고 관찰한 바 결과를 다음과 같은 글로 남겼다.

선생님께서는 온화하면서도 엄하셨고, 위엄이 있었지만 무섭지는 않으셨으며, 공손하면서도 편안하셨다.(『논어』술이/40)

子溫而厲, 威而不猛, 恭而安.

온화하다 보면 유약하기 쉽고 엄하다 보면 차갑기 쉽지만 그는 그것을 넘어설 수 있었다는 것이다. 또 위엄이 있다 보면 무섭기 쉽고 공손하다 보면 불편해지기 쉽지만 그는 그것도 역시 넘어설 수 있었다. 모두 장점이 유사지대의 단점과 결합하는 것을 스스로 경계한 결과로 얻어진 미덕이다. 비슷하지만 아닌 것에 휘말리지 않고 그 사이로 난 좁은 길을 차질 없이 찾아가는 것은 비단 조직의 리더만이 아니라 인간으로서도 필요한 미덕이 아닐 수 없다.

불치하문 不恥下問

리더는 흔히 업무와 관련된 무언가를 잘 모르고 있다는 것에 대해 민감해질 수가 있다. 새로 부임한 리더의 경우 잘 모르는 것은 어쩔 수 없는 일이다. 당사자나 직원들이나 그 점에 대해서는 인식을 공유하고 있기 때문에 부임 초기에는 별 문제가 없다. 그러나 일정한 기간이 지난 후에는 달라진다.

리더는 점점 자신이 잘 모르는 문제가 나타나면 그것을 부끄러워하게 되고 자신도 모르게 아는 체를 하게 된다. 자신이 잘 모르는 문제는 밀쳐두고 잘 아는 과제만 부각시켜 당면 현안으로 삼는 것도 본질적으로 같은 차원에 있다. 그런 자세가 나타난 후부터는 부하 직원들로부터 얘기를 듣거나 자문을 구하는 것에서도 공연히 자존심을 내세우고 별것 아닌 쟁점에서도 고집을 부리게 된다. 아는 체하고 한 수 가르치려 드는 부하 직원을 얄밉게 보는 것도 그때부터라 할 수 있다. 그러나 만약 그렇게 생각하면 지난 세월에 임금에게 직언을 불사하던 수많은 언관言官들도 모두 존립할 수 없을 것이다. 유비가 그렇게 생각했다면 제갈량인들 배겨낼 수 있었겠는가?

바로 이때부터 조용히 경청한다는 것과 무지 앞에 솔직하다는 것이 리더에게는 큰 장점이 된다. 부임한 지 1~2년이 아니라 수년이 지난다 해도 사람이 모든 것을 알 수는 없다. 배우고 자문을 구하는 것은 세월이 아무리 오래되어도 여전히 필요한 덕목이다. 리더는 그 조직에서 그가 관장하고 있는 업무 영역에 걸쳐 가장 많이 아는 사람이 아니다. 그는 단지 수많은 이야기를 다 듣고 종국적인 판단을 할 줄 아는 사람일 뿐이다.

불치하문不恥下問, 아랫사람에게 묻는 것을 부끄러워하지 않는 것은 소소한 조건 중의 하나가 아니라 그 어떤 것보다 비범한 덕목이다. 춘추시대 위나라의 대부 공어孔圉는 사후에 공문자孔文子로 시호되었다. 제자 자공이 공자에게 그가 왜 문文의 시호를 얻게 되었는지를 물었다. 모든 시호 중에서 문文은 가장 영예로운 시호였기 때문인데 자공의 질문에는 비록 공어가 훌륭한 대부이기는 했지만 문의 시호를 부여하는 것은 다소 지나친 것이 아니었느냐는 뜻이 포함되어 있었다. 이에 공자는 다음과 같이 답변하였다.

실천에 민첩하고 배우기를 좋아하여 아랫사람에게 묻는 것을 부끄럽게 생각하지 않았기 때문에 문文이라 부르게 되었다.
(『논어』 공야장/40)

敏而好學, 不恥下問, 是以謂之文也.

한 평생을 어질고 흠 없이 산 사람에게도 잘 부여되지 않는 문의 시호를 단지 아랫사람에게 묻는 것을 부끄러워하지 않는 호학의 태도 하나만으로 획득하였다면 그것은 그 어떤 덕목보다 뛰어난 덕목이 아니겠는가?

불치하문과 비슷한 궤도에 자신의 잘못을 솔직히 인정하는 태도가 있다. 일반적으로 윗사람이 자신의 잘못을 인정하게 되면 리더로서의 권위를 잃게 된다고 생각한다. 그러나 그렇지 않다. 권위를 유지하기 위해 잘못을 인정하지 않으려는 구차한 모습과 비교해보면 잘못을 인정하는 것이 얼마나 큰 미덕인지를 쉽게 알 수 있다. 그럼에도 불구하고 다수의 리더들은 자신의 잘못을 인정하지 않기 위해 구차한 논리를 동원하고 그것은 또 다른 잘못을 낳아 결국은 거대한 잘못의 사슬을 구성하고 만다. 그리고 막상 자신은 스스로 만든 그 사슬에 얽혀 행보조차 제대로 가누지 못하다가 쓰러지는 것을 우리는 종종 현실에서 목도한다.

잘못의 인정만으로는 리더는 결코 권위를 잃지 않는다. 리더도 인간이고 인간은 잘못을 할 수 있기 때문이다. 오히려 잘못에 대한 솔직한 인정은 많은 조직원들을 자신의 지도력 안으로 끌어들이는 뜻밖의 효과를 거둘 수도 있다. 리더가 자기 잘못을 인정하는 순간 그 교정된 방향은 리더를 포함한 모든 구성원들이 함께 참여하는 방향이 되기 때문이다. 그것은 보람되고 기쁜 일이 아닐 수 없다.

완벽한 사람은 없다

무구비無求備—이 말은 한 사람에게 모든 자질이 다 갖추어져 있기를 요구하지 말라는 뜻으로 『서경』에 나오는 말이다. 조직생활을 해본 사람이라면 이 까마득한 옛말이 무슨 말인지 또 얼마나 속깊은 말인지 느낄 수 있을 것이다. 어느 조직이나 조직의 간부 중에는 유별나게 아랫사람의 완벽을 요구하며 업무능력을 강박하는 사람이 있다. 문제는 그런 점이 지나쳐서 강박을 하는 사람이나 강박을 받는 사람이나 뭔가를 더 낫게 하지도 못하면서 끊임없이 불화와 스트레스 속에서 시달리는 경우가 많다는 사실이다. 그런 비생산적 갈등을 지켜볼 때 우리는 비로소 『서경』에 나오는 저 성왕成王의 무구비라는 조언을 생각하게 되는 것이다.

주나라의 제2대 왕으로서 무왕의 아들이자 저 유명한 주공周公의 조카였던 성왕은 신하인 군진君陳에게 이렇게 말하고 있다.

그대는 미련함에 대해 화내고 미워하지 말 것이며 한 사람에게 모든 자질이 다 구비되어 있기를 바라지 마시오. 반드시 참음이 있어야 이룰 수 있으며 너그러움이 있어야 덕이 창대해지는 것이오. (『書經』君陳)

爾無忿疾于頑, 無求備于一夫. 必有忍, 其乃有濟, 有容, 德乃大.

기원전 12세기, 꼬박 삼천 년의 세월을 건너 지금에 들려오는 이 말은 여전히 유효한 울림을 갖는다. 사람에게 완벽한 자질을 요구하는 것은 그 자체가 인간에 대한 학대가 될 수 있다.

사람은 누구나 불완전하다. 조직생활은 동료관계든 상하관계든 기본적으로 불완전한 내가 역시 불완전한 남과 함께 공동의 목표를 향해 노력하는 과정이라 할 수 있다. 나는 완벽한데 너는 불완전하다. 이런 가정이 성립될 수 없다는 것은 경험적으로도 확률적으로도 사회학적으로도 확인되는 사실이다. 완벽한 사람은 없다. 너도 그렇고 나도 그렇다. 따라서 나의 불완전함이 적절히 양해되고 수용될 것을 기대한다면 남의 불완전함도 어느 정도 양해하고 수용하는 것이 필요하다. 그리고 실제 그렇게 할 때에만 나의 불완전함도 남들 사이에서 양해되고 수용되는 것이다. 특히 그렇게 하여야 할 사람이 조직의 간부일 때 더 나아가 조직의 최고경영자일 때 그 문제는 단순한 인간관계의 문제에 그치지 않고 조직의 정상적, 효율적 작동의 문제가 된다.

성왕의 논리처럼 불완전함에 대한 인내가 없어 결과적으로 조직이 아무것도 이루어낼(有濟) 수가 없게 된다면 그것은 심각한 일이다.

완벽함을 요구할 때는 무언가 더 나은 것을 기대하기 때문인데 인내함(有忍)이 없는 탓으로 그 결과가 오히려 이룸을 저해하는 것이 된다면 우리는 모든 관계를 근본에서부터 돌이켜볼 필요가 있는 것이다.

사람의 불완전함에 대해 인내할 줄 알면 무언가가 이루어지고 인내할 줄 모르면 오히려 이루어질 것도 이루어지지 않는다(有忍有濟,無忍無濟)는 이 평범한 진리, 성왕의 조언 속에 담긴 경험적 확신은 국민의 더 나은 삶을 위해 국가사회를 이끌어가야 하는 공직사회에 있어서 지금도 변함없이 경청에 값하는 의미를 지니고 있다.

이 무구비, 즉 모든 자질이 다 갖추어져 있기를 요구하는 것의 반대편에 있는 것이 바로 기지器之, 즉 그릇을 본다는 것이다. 이 말은 『논어』 자로편에 나온다.

선생님께서 말씀하셨다.
군자는 … 사람을 부림에 있어 그 그릇을 본다. 소인은 … 사람을
부림에 있어 모든 것이 갖추어져 있기를 요구한다.
(『논어』 자로/25)
子曰;君子…及其使人也,器之.小人…及其使人也,求備焉.

오늘날 적재를 적소에 쓴다고 하는 보편적 인사원칙은 바로 이 "그릇을 본다(器之)"는 정신에서 출발한 것이다. 최악의 인재도 나름대로 쓸 곳을 찾아 쓰려고 하는 인내심과 배려가 있을 때 조직은 구성원들의 행복을 담보하는 조직체가 될 수 있다. 완벽을 요구함으로써 구성원들을 더 나은 단계로 나아가게 할 수 있다고 믿는 것은 일

차원적인 논리, 평면적인 논리다. 그리고 그것은 의외로 산출이 적다. 반대로 모든 것이 갖추어져 있기를 요구하지 않는 관용의 정신은 차원이 다른 논리다. 그러므로 그런 태도에 대해 "요구조차 하지 않는다"고 비난하는 것은 여전히 일차원적이고 평면적인 틀에 갇혀 사안의 본질을 보지 못하는 것이다. 무구비는 호흡이 긴 요구이고 거기에는 기다림이 있다. 기다림은 역설적인 요구를 담고 있는 큰 정신이다. 그런 큰 정신 속에서 모든 사람은 때로는 자신의 능력을 넘어선 능력을 계발하여 발휘하기도 하는 것이다.

그러나 무구비 정신의 위대함은 그것 때문만은 아니다. 더욱 본질적인 것은 모든 사람의 능력이 제한되어 있더라도 인간은 각자의 제한된 능력을 발휘하면서 그 가운데에서 제가끔의 행복을 추구할 권리가 있으며 우리는 그러한 여건을 우선적으로 보장할 필요가 있다는 것이다. 그것은 다른 무엇—이를테면 조직에서 더 나은 역량을 발휘하게 하여 더 나은 효율을 거두는 것—보다 어쩌면 더 고귀하고 더 중요하다는 인식을 그 정신이 담고 있다는 점이다. 이는 장애인에 대한 사회적 관심과 배려가 아직도 턱없이 부족한 우리나라의 현실과 본질적으로 맞닿아 있는 이야기일 수도 있다는 것을 생각해 볼 필요도 있다.

어쨌든 무구비, 그것은 조직 이론에 관한 한 삼천 년도 더 된 옛 정신이지만 오늘날의 경박한 조직 이론들을 여전히 무색하게 하는 경험적 진리를 담고 있는 말이다.

능력을 칭찬하지 마라

조직에서는 능력이 뛰어난 사람과 능력이 떨어지는 사람이 동시에 존재하기 마련이다. 조직은 아무래도 능력이 뛰어난 사람을 원한다. 그래서 그런 사람에게 더 중요한 직책이 주어지고 더 포괄적인 권한이 부여되는 것은 당연한 일이다.

그러나 조직에서 그런 사람을 공개적으로 칭찬하는 것은 다른 문제다. 칭찬만이 아니라 리더가 그 사람의 능력을 남다르게 인정하고 있다는 것을 다른 사람들이 공공연히 알도록 만드는 기타의 행위들도 마찬가지다. 그에 대한 칭찬의 사유가 가시적인 큰 업적을 이루었다든가 남들보다 두드러진 노력을 기울였다든지 많은 고생을 하였다는 것이라면 무방할 것이다. 그것은 그가 아닌 다른 사람이 업적을 이루거나 남다른 노력을 기울였거나 고생을 했을 때와 달리 취급할 필요가 없기 때문이다. 그러나 뛰어난 능력 그 자체를 대상으로 하는 경우는 본질적으로 다른 문제임을 알아야 한다. 능력이란 스스로 노력한 결과일 수도 있지만 많은 경우 타고난 명민성처럼 우연적인 조건들에 의해 조성된 경우가 많기 때문이다.

유능한 자를 칭찬하는 것은 그 점에서 마치 많은 여성들 가운데에서 미모가 출충한 여성을 칭찬하는 것과 비슷한 것이다. 여성의 미모를 두고 칭찬하는 착오를 범하지 않는 리더가 구성원의 능력을 두고 칭찬하는 착오를 범하는 경우가 많다. 능력과 관련한 문제에 정확히 접근하지 못하는 리더가 의외로 많다는 뜻이기도 하다. 경험상으로 보면 리더 자신이 천성적인 명민함을 갖추고 있고 능력이 탁월한 경우에 이런 실수를 하는 경우가 많다. 유능한 자가 칭찬을 받으면 그 순간 무능한 자는 소외를 경험하게 된다. 이때의 소외는 결코 생산적인 소외가 아니다. 그러므로 이때의 칭찬도 결코 생산적인 행위가 못된다. 그래서 일찍이 공자도 이렇게 말하였던 것이다.

천리마는 그 힘을 칭찬할 것이 아니라 그 덕을 칭찬할 것이다.
(『논어』 헌문/35)

子曰:驥不稱其力,稱其德也.

천리마는 하루에 천리를 달릴 수 있다는 명마다. 그런 천리마의 힘(力)이라고 하면 다른 말들이 발휘할 수 없는 천리마만의 엄청난 괴력을 말할 것이다. 공자는 바로 그 힘을 칭찬하지 말고 오히려 그 덕德을 칭찬하라고 한 것이다. 그러면 천리마의 덕이라면 무엇을 말하는 것일까? 당연히 그것은 명령에 복종하는 자세나 꾀부리지 않고 그런 타고난 괴력을 묵묵히 발휘하는 품성을 말할 것이다. 공자의 비유적 표현은 보편적인 인간 문제을 빗댄 것이지만 그 원칙은 조직사회에 있어서 더 전형적으로 나타나는 원칙이라 할 수 있다.

이 원칙은 조직사회에 있어서 리더의 의도적인 용인用人 테크닉 같은 것이 아니라는 것을 강조해둘 필요가 있겠다. 만약 능력이 뛰어난 자를 칭찬하지 않는 것이 단지 다른 구성원들의 감정을 고려하거나 의욕을 저하시키지 않기 위한 의식적 배려라면 이러한 행위는 금새 한계를 노출하고 말 것이다. 이 원칙은 인간에 대한 깊은 이해, 무엇이 진정으로 상찬할 만한 것인가 하는 것에 대한 사려 깊은 직관이 자연스럽게 야기하는 행동이 될 때 리더를 둘러싸고 진정한 힘을 발휘하게 될 것이다.

이제 동일한 문제를 뒤집어놓으면 바로 무능한 자의 무능에 대한 비난의 문제가 된다. 여기에도 마찬가지의 논리가 적용된다. 무능한 자의 무능을 그 자체로서 비난하게 되면 유능한 자의 유능함을 칭찬하는 것 이상으로 심각한 소외의 문제를 발생시킨다. 만약 그가 어떤 문제에 대해 게을렀다든가 책임감이 없었다든가 지켜야 할 규정을 지키지 못하였다든가 하였다면 그것은 당연히 비난을 받을 수 있고 과하면 벌을 받을 수도 있을 것이다. 그러나 그 내용이 능력 자체가 따라주지 못하는 데에서 비롯되었다면 그것은 적임을 찾아 새 일을 맡기는 인사의 대상은 될 수 있을지언정 비난은 올바른 대응이 아니다.

그럼에도 불구하고 많은 조직 리더들과 중간간부들은 휘하 직원의 유능함과 무능함을 이유로 칭찬과 성토를 남발하고 있는 것이 오늘날의 실태다. 그들은 인간에 대한 이해가 부족하고 인간의 행동이 가지는 진정한 동인을 통찰하지 못하고 있다. 이런 현상의 더욱 속된 형태에서는 학력이 어떻게 되느냐, 명문대 출신이냐 3류대 출신이냐 하는 외형적인 것만으로 사람을 판단하는 웃지 못할 현상도 나타나고 있다. 모든 조직 리더들은 자신도 분명이 의식하지 못하고 있는 일상적 언행, 더 은밀하게는 지니고 있는 가치관에서 그런 점은 없는지 한번쯤 되돌아볼 필요가 있을 것이다.

고위직이 되면 특권의식에 취하기 쉽다

"장관이 되어 보니 정말 좋네. 하루아침에 세상의 대우가 이렇게
달라지고 이렇게 많은 특혜가 베풀어지는데 이 좋은 자리를 사람
들이 왜 마다하겠는가?"

두 신임 장관이 만나 나눈 실제 대화다. 물론 제3자까지 있는 자
리에서 나눈 대화니 만큼 좋아서 희희낙락하는 대화는 결코 아니다.
오히려 이렇게 좋다 보니 자신도 모르게 직위에 취할 소지가 있고 그
러다 보면 몸을 버릴 우려도 있으니 스스로 경계하지 않으면 안 되
겠다는 언외의 교감을 나누는 자리였다고 본다. 그런 자리에 오르지
않았더라면 일개 한량에 불과했을 사람이 그런 직위로 인하여 받는
사회적 처우는 당사자들마저 이렇게 놀랄 정도인 것이다. 굳이 처우
와 특권으로만 친다면 대통령보다 더 한 사람도 없을 것이다. 그러니

그것을 문제 삼을 일은 아니다. 처우와 특권은 그에 상응하는 막대한 책임과 의무에 상응하고 있으니까 말이다.

문제는 구체적인 경우에 있어서 그 두 가지 변수가 상응하지 않는 경우다. 다시 말해서 책임과 의무는 허울로만 유지되면서 처우와 특권만 알차게 누리는 경우가 의외로 많다는 것이다. 어쩌면 책임과 의무가 제대로 이행되지 않을수록 처우와 특권을 더욱 집요하게 누리는 일련의 반비례 관계가 있는 것 같다. 정말로 바람직한 경우를 든다면 오히려 그 반대 관계가 되는 것이다. 책임과 의무를 무한의 무게로 감당하면서도 처우와 특권 같은 것에는 눈길조차 주지 않는 경우다. 전설의 임금 우禹는 실제 그랬다는 것 아닌가!

> 먹고 마시는 것은 변변치 못하면서도 귀신에 대해서는 정성을 다했고 의복은 누추해도 제례의 의관은 정갈했으며 궁실은 초라해도 관개사업에는 온 힘을 다 바쳤다.(『논어』 태백/22)
>
> 非飲食而致孝乎鬼神, 惡衣服而致美乎黻冕, 卑宮室而盡力乎溝洫.

사천 년 전에 그것이 나라는 다스리는 자의 진실이었다면 사천 년 후에도 여전히 진실일 것이다. 그것을 실천하기는 어렵다 하지만 그것을 추구하려는 노력은 기울이는 것이 마땅하지 않겠는가? 하물며 나랏일에 대한 관심과 열정은 뒷전으로 가고 모든 것을 실무자들에게 내맡긴 상태에서 실무자들을 방패삼아 그 뒤에 숨어 유유히 신분상의 대우와 특권만을 누린다면 그것은 죄 많은 일이 아닐 수 없을 것이다.

솔직히 가슴에 손을 얹고 나는 그렇게 실무자들의 뒤에 숨어 마치 가마라도 탄 듯 출렁이는 리듬에 빠져 고위직의 특권을 구가하고 있는 자가 아닌지 물어본다면 아니라고 단호히 이야기할 수 있는 고위 공직자가 과연 몇이나 될까? 또 설령 제 나름대로는 열심히 복무한다 할지라도 판서댁이니 참판댁이니 하고 불릴 가문의 영광에 흐뭇해하며 이곳저곳의 로펌이나 회계법인, 대기업 고문직 등에 고가로 불려갈 신분상의 이익에 행복해마지 않는 것과 얼마나 부끄럽지 않을 균형을 갖추었는가? 깊이 자성할 일이다.

문제 직원은 있게 마련이다

어느 조직이든 항상 문제 직원은 있게 마련이다. 다만 그 정도가 어떠하며 양상이 어떠한가 또 그 숫자가 얼마나 되는가에서 약간씩 차이가 있을 뿐이다. 어떤 직원이 문제 직원인가 하는 것은 원칙적으로는 근무평정에 의해 가려질 것이다. 그러나 아쉽게도 대부분의 조직은 우수한 근무평정제도를 가지고 있지 못하고 그나마 원칙대로 운영되지 못하는 경우가 많기 때문에 근무평정을 가지고 문제 직원을 가려내는 것은 엉뚱한 결과에 이를 가능성이 많다. 경험적으로 보면 문제 직원은 근무평정보다는 종합적인 직원 재배치의 기회에 더 잘 가려진다.

조직이 전체 직원을 대상으로 종합적인 재배치를 하는 기회는 드물지만 제법 큰 폭으로 재배치를 할 기회는 가끔 있다. 그때는 마치 다수의 직원들 위에 무슨 검사 시약이라도 뿌린 것처럼 유능한 자와 무능한 자, 성실한 자와 불성실한 자, 책임감 있는 자와 없는 자가 뚜렷이 구분이 된다. 특히 조직 부서장들의 의견을 들어가며 재배치를 하는 경우에는 치열한 스카우트 대상이 되는 직원이 있는가 하면 서로 데려가지 않으려고 한사코 손사래를 치는 직원이 있다. 심지어는 "이 직원을 구태여 우리 부서에 배치하려 한다면 우리는 차라리 한 명이 부족한 상태로 일하겠다"고 하는 극단적인 경우도 나온다. 어쨌든 그때 손사래를 치는 직원이 여기서 말하는 문제 직원이라고 보면 틀림이 없을 것이다.

조직의 리더라면 가능한 한 이런 직원들을 극소화하고자 하는 것은 당연한 일이다. 그러나 이런 직원들을 개별적으로 어떻게 관리하느냐 하는 문제에 앞서 생각해볼 것이 있다. 널리 알려진 이야기이지만 조직에는 항상 일정 비율의 빈둥거리는 직원이 있다고 한다. 그래서 실험삼아 빈둥거리기만 하는 직원을 그 조직에서 배제했더니 일정 기간 후에는 역시 같은 비율로 빈둥거리기만 하는 직원이 생기더라는 이야기다. 이 이야기는 어쩌면 조직을 위해 헌신적으로 일한다는 것과 빈둥거린다는 것이 직원 한 사람 한 사람을 두고 이야기하는 개별적인 평가일 수도 있지만 동시에 조직 구조에서 오는 얼마간은 불가피한 현상일 수도 있다는 점을 암시하고 있다. 이런 기본적인 인식을 전제로 리더는 문제 직원 문제를 좀더 구조적으로 살펴볼 필요가 있다.

먼저 문제 직원이 가진 영향력을 살펴볼 필요가 있다. 문제 직원이 있지만 조직에서 성실하게 근무하는 대다수의 직원들에 대해 부정적인 영향력이 거의 없는 경우가 있다. 오히려 그들 사이에서 빈둥거리는 자신이 소외되지 않기 위하여 나름대로 열심히 눈치는 보며 자신의 위상을 초조히 모색하는 경우는 조직에 별로 유해한 경우가 아니다. 어쩌면 매우 정상적인 경우라 할 수도 있다. 대부분의 구성원들은 이런 제 몫을 못하는 열등한 사람에 견주어 자신들의 성실성과 기여도를 인식하고 상대적으로 자부하는지도 모르기 때문이다.

반대로 빈둥거리는 직원이 조직 내에서 부정적인 영향력을 발휘하는 경우가 있다. 특히 노동조합이 힘의 알력 관계 속에서 왜곡된 행보나 체질을 만성화하고 있는 경우에 그런 행태가 나타나는 경우가 많다. 이런 경우에는 조직에 헌신적이고 열심인 직원이 되레 회의감을 갖거나 자신의 노력이 무의미한 것처럼 느낄 수가 있다. 말하자면 조직에 헌신적인 직원이 빈둥거리는 직원의 눈치를 보는 셈이다. 이런 경우는 매우 위험한 경우다. 그것은 빈둥거리는 직원의 문제이기 이전에 조직원들이 조직 목표를 향한 가장 기초적인 사명감마저 갖추지 못하고 있음을 의미하기 때문이다. 그런 상태에서는 몇몇 문제 직원을 관리하는 차원이 아니라 조직의 전반적인 건전성과 자세를 정립한다는 더 근본적인 과제에 모든 조직 역량을 기울여야 할 것이다.

결론적으로 정상적인 조직은 문제 직원이 열심히 일하는 직원의 눈치를 보는 조직이고 비정상적인 조직은 열심히 일하는 직원이 문제 직원의 눈치를 보는 조직이다. 뛰어난 리더는 가장 열등한 구성원까지도 자기가 무슨 대단한 일이라도 하고 있는 양 들뜨게 만들면서 조직이 제시한 목표를 향해 나아가게 하는 능력을 보여준다.

문제 직원은 언제 어느 조직이든 항상 있게 마련이다. 그들을 관리하는 것은 그들을 과감히 퇴출시키는 방법을 포함하여 모든 방법이 가능하다고 보지만 개별적 관리는 언제나 그다음 문제다. 문제 직원의 양상이나 영향력이야말로 조직의 현 위치를 드러내어주는 바로미터이기도 하다는 사실에 리더는 좀 더 민감할 수 있어야 할 것이다.

불평불만 분자를 주목하라

춘추오패를 이야기할 때 제환공齊桓公은 가장 중요한 인물이다. 제환공은 춘추오패 중에서 가장 먼저 등장한 패자覇者일 뿐 아니라 봉건제였던 주周대의 여건을 생각할 때 주나라 왕실을 도와 여러 제후들을 규합하고 사방의 오랑캐로부터 중원 천하를 지켰다는 의미에서 가장 모범적이고도 전형적인 패자였다. 그러나 막상 환공이라는 인물에 초점을 맞추어 관찰하면 그는 크게 매력적이지도 뛰어난 영웅적 자질을 가지고 있지도 않았다. 그렇다면 그는 어떻게 패자가 될 수 있었는가? 그가 패자가 된 것은 단지 사람을 잘 썼다는 한 가지에서 온 것이었다. 그는 사람을 잘 알아보았고 그가 믿는 사람의 말을 듣고 따르는 데에서 놀랄 만한 대범함을 보여주었다. 그는 저 유명한 관중管仲을 썼던 것이다.

구태여 옛날이 아니라 오늘날에도 나라 운영에서나 조직운영에서

나 사람을 알아보고 쓴다는 것은 더할 나위 없이 중요한 일이다. 그러면 어떤 사람이 큰 그릇이고 어떤 측면을 보아야 제대로 사람을 보는 것일까? 워낙 포괄적이고도 어려운 문제라 어느 누구도 이것이다 하고 정답을 제시하기는 어려울 것이다. 그러나 그 중 한 측면에 불과하고 약간은 주관적이기까지 한 의견 하나를 말하자면 '불평불만 분자를 좀 더 주목할 필요가 있다'는 것이다.

왜 그런 말을 하는가? 거기에는 우리나라의 특별한 문화적 여건이 관련되어 있다. 우리나라는 아직도 민주주의가 제대로 정착되어 있지 않다. 정치적 차원의 민주주의가 걸음마 단계에서 엎어지고 자빠지기를 거듭하다가 이제 겨우 한두 걸음을 내딛고 있으니 그것이 국민적 삶 속에 깊이 뿌리내리지 못하고 있는 것은 당연한 것인지도 모른다. 조직 문화 속의 민주주의는 더 말할 나위도 없다. 모든 방면에서 권위주의는 여전하고 합리적 의사수렴의 여건은 여전히 황폐하기 짝이 없다. 아직도 조직 수장에 대한 눈치 보기는 만연해 있고 국가와 국민을 위한 기탄없는 의견 제시의 분위기는 언제 자리 잡을지 기약이 없다. 그리고 이런 경색된 여건은 조직생활의 연륜이 깊어짐에 따라 자신도 모르게 내면화되면서 일종의 체제순응적 자세가 굳은살처럼 깊어진다. 이것이 전 국가적으로 얼마나 국민적 역량을 잠식하고 있는지 이 땅은 제대로 파악하지 못하고 있다. 이런 뿌리 깊은 여건 때문에 한 개인의 꿈과 의욕도 그렇게 시들고 무산되는 것이 보통이다. 그래서 "불평불만 분자를 주목하라"는 말이 의미를 갖게 된다.

불평불만이 무어 그리 좋은 것이어서 주목하라는 말은 당연히 아니다. 공직자로서 순수하게 바람직한 꿈과 의욕을 가지고 그것을 꽃 피울 수 있다면 얼마나 좋겠는가. 그러나 그럴 여건이 못 되는 가운데에서 그나마 순치되지 않고 저항하듯 살아남은 꿈과 의욕이 어쩌면 불평불만의 형태로 표출되는 것이 아니겠는가 하는 것이다. 이런 생각의 이면에는 순응적인 인격에 대한 깊은 불신이 도사리고 있다는 점을 숨기지 않겠다. 아무것도 하지 않고 나라와 조직의 한 시절을 '두루 원만하게' 보내다 떠나는 수많은 고위 간부들이 바로 그런 사람들이었다. 모든 '혹시'가 '역시'로 끝나고 마는 데에서 저 원만하고 순응적인 사람들의 적敵 없는 매끈한 역할을 찾아볼 수 있다.

물론 불평불만 분자가 다 무언가를 보여주는 사람들은 아니다. 그러나 온갖 순응적인 사람들의 행보에서 실망을 거듭하다 보면 우리는 저 불평불만의 일각에서 오히려 주눅 들지 않은 꿈과 의욕을 보는 경우가 있다. 비록 상처받고 구겨진 모습이기는 하지만 말이다.

이를테면 박정희 전 대통령의 경우를 상징적으로 생각하게 된다. 해방 후 청년장교 시절의 박정희에 대해 당시 미국이 파악하고 있던 신상 첩보 두 가지가 남아 있다. 하나는 "매우 수줍은shy 성격"이었다. 다른 하나는 바로 "끊임없는 불평불만"이었다. 비록 민주주의를 제대로 경험하지도 배우지도 못하고 일제 군국주의의 가치와 교양 속에서 자란 세대의 한계를 뚜렷이 지닌 사람이었지만 군사 쿠데타 자체를 포함하여 이후 긴 세월에 걸친 저 경제개발과 경부고속도로 건설, 새마을 운동, 한일국교 정상화, 포항제철 건설, 각 지역별 공업단지의 건설, 중화학공업 육성 등이 바로 그 청년장교 시절의 불평과 불만이라는 구겨진 꿈 속에서 피어난 것이었음을 부인하기는 어렵다. 만약 누군가가 조직의 간부에게 남다른 꿈과 의욕을 요구한다면 요구자는 그것들이 그들의 내면이나 표정, 행동에 어떤 형태로 구겨져 박혀 있는지를 살펴야 할 것이다.

많은 경우 불평불만 분자가 책임 있는 자리에 앉게 되면 과거 불평불만의 행태 중에서 무책임했던 요소는 쉽게 녹아 해소되는 것을 볼 수 있다. 그리고 드물게나마 그 자리에서 꿈과 의욕이 피어날 수가 있는 것이다. 이것은 물론 개연적인 이야기다. 그래서 사람을 쓰는 문제에 있어서 하나의 참고사항일 뿐이다. 다만 불평불만의 요소가 전혀 없이 나긋나긋하고 항상 웃는 얼굴에 무슨 말만 하면 입을 헤벌리고 감탄을 아끼지 않는 순응적 공직자가 여전히 주목을 받고 기용되는 현실을 생각해볼 필요가 있다. 만약 그런 현실에 지치고 그 모든 혹시가 또다시 역시로 주저앉는 것을 더 이상 보지 않겠다면 차라리 불평불만 분자를 상대로 과감한 모험을 해보는 것이 경험적 확률 상 더 나을 수도 있다는 점을 구태여 강조하고 싶은 것이다.

공조직에 있어서의 노사관계

공조직이라고 하지만 정부 조직이냐 정부 산하 조직이냐 하는 성격에 따라 노동법상의 사정은 약간씩 다르다. 노동3권이 모두 허용되는 조직이 있고 그 중 일부만 허용되는 조직이 있기 때문이다. 그러나 현행법상 여건이 어떻게 되어 있든 공조직에도 노동자들이 있고 노동여건이라는 것이 있는 한 거기에 흐르는 노사관계의 원칙은 별로 다르지 않다고 생각한다. 그런 공조직에서의 노사관계를 교과서적으로 망라하여 언급하는 것은 이 글의 성격으로 볼 때 적합할 것 같지 않다. 여기에서는 그간의 공직 경험에서 발췌한 몇 가지 현장적 포인트만을 열거해보려 한다.

언젠가 나는 한 노동관계 현장 공무원으로부터 경험적인 이야기를 하나 들었다. 그것은 아주 단순한 이야기였다. 즉 문제가 발생한 노동현장에 달려가 보면 한결같은 공통점 하나가 있는데 그것은 바로 문제 있는 노사관계의 배후에는 항상 문제 있는 사용자가 있더라는 것이다. 사용자적 입장에 있는 사람들이 들으면 서운한 이야기일지도 모르지만 그것은 현장 공직자의 솔직한 경험담이었다. 이 이야기를 나는 모든 공직 사용자들이 새겨들어야 할 사항이라고 지금도 굳게 믿는다. 여기에 대해서는 긴 설명을 생략하기로 하겠다. 단지 문제 있는 사용자가 문제 있는 노사관계를 만든다는 사실이 거의 예외 없는 원칙임을 상기하고 모든 공조직의 사용자들은 자신을 냉정하게 되돌아볼 필요가 있다는 점만 강조하고자 한다.

다른 한 가지는 노동조합에 대해서는 사용자가 그 존재를 인정하고 관계자들을 진지한 대화상대로 존중하는 것이 무엇보다 필요하다는 사실이다. 다수의 노사 문제가 노동조합의 존재를 인정하지 않고 진지한 대화 상대로 여기지 않는 사측의 오만함 내지 안이한 인식에서 비롯되고 있다는 것은 아무리 강조해도 지나치지 않을 것이다. 만약 그런 생각을 가진 사측 인사들을 만나면 왜 법은 노동조합을 인정하고 그에 여러 가지 기능과 권한을 부여하고 있는지 생각해보라고 말하고 싶다. 그런 생각이 합당하고 노동조합 따위는 없는 것이 훨씬 낫다고 한다면 법은 그런 존재를 부인하고 그런 기구 자체를 설립하지 못하도록 막았어야 옳은 것이 아닌가. 법은 현대 사회 성립 과정에서 오랜 경험과 조율 끝에 노동3권을 인정하고 그 권리를 존중해주기로 한 것이니 만큼 사용자는 그 법 정신과 역사적 경험을 이해하고 존중할 필요가 있는 것이다.

노조를 노사협상 시 만나 대충 생색만 내어주는 대상으로 생각하는 한 진정한 노사관계는 성립되기 어렵다. 노사관계는 기본적으로 노동자는 노동을 제공하고 사용자는 그에 따른 대가를 지불하기로 한 고용계약에 근거를 두고 있다. 이 계약은 대등한 입장에게 체결하고 체결한 이후에도 서로가 그 계약을 성실하게 이행하려는 의지를 가져야 하는 것이다. 노사관계를 전근대적인 신분관계나 그 옛날 주인과 머슴의 관계처럼 왜곡되게 인식하고 그런 인식을 토대로 사용자가 노동자를 멋대로 부릴 수 있는 입장에 있다고 생각하는 한 원만한 노사관계는 절대 유지할 수 없다는 점을 사용자는 명심할 필요가 있다.

뒤바꾸어볼 때 그 점은 노측도 마찬가지다. 노사관계의 기본을 전술한 계약관계에 기초한 것이 아니라 전근대적인 신분관계처럼 생각하는 것은 노측에도 있을 수 있고 오히려 더 심할 수도 있다. 무례한 언행, 다양한 형태의 폭력적 성향 등은 다름 아닌 전근대적 신분관계를 노동자측에서 수용하고 그런 질서를 내면화한 결과라 할 수 있다. 노사 양측이 모두 그릇된 기본 인식을 가지고 있는 데에서 발생하는 노사분규가 좀처럼 해결을 보지 못하는 이유가 바로 이런 기본적인 인식의 오류를 뿌리뽑기가 그만큼 어렵기 때문이다.

마지막으로 공조직에서 노조의 역할은 국을 끓이는 데에 양념의 역할 같은 것이 되어야 한다는 사실이다. 국을 끓일 때 양념이 들어가지 않으면 맛있는 국을 만들 수 없다. 마찬가지로 건강한 공조직은 건전한 노조의 역할을 필요로 한다. 만의 하나 노조가 없으면 더 좋을 텐데 하는 생각을 가지고 있다면 그것은 큰 착각이다. 마치 양념이 빠지면 국 맛이 더 좋을 텐데 하는 것과 마찬가지이기 때문이다.

그렇다고 해서 양념만으로 국을 만들려고 한다면 그것도 있을 수 없는 일이다. 노조의 역할이 더욱 커져서 조직운영의 온갖 분야에 결정적 역할을 할 수 있다면 훨씬 좋아질 듯하지만 실제는 결코 그렇지 않다. 노조의 입장에서 보면 다소 미진해 보일 정도의 적정한 역할이 조직에 긍정적 영향을 미치게 된다. 국맛을 잘 내기 위해서는 과도하지도 부족하지도 않은 적절한 양의 양념이 들어가야 하는 것처럼 노동조합도 그 존재나 그 활동, 역할이 공조직을 건강하게 움직여나가는 데에 가장 알맞은 비중이 있고 노사는 최선을 다하여 그 선을 찾을 필요가 있는 것이다.

이 양념론은 무슨 그럴듯한 이론이 될 수 없는 이야기다. 그것은 당연한 형식논리에 불과하기 때문이다. 그러나 기이하게도 이 양념론은 노조를 조직에 전혀 도움이 되지 않는, 없어지면 좋을 것 같은 혐오스러운 존재로 여기는 사측 관계자나 노조를 마치 러시아 혁명 당시의 소비에트쯤으로 여겨 조직 위에 두고 전횡하려고 드는 노측 관계자의 과열된 인식 앞에서는 기이할 정도로 주효한 논리가 되곤 했다. 물은 별것 아닌 평범한 것이지만 불을 끄는 데에서는 그만한 수단이 달리 없는 것과 같은 이치다.

다양한 노사분규가 발생하고 소멸하는 과정을 들여다보면 결국 중요한 것은 명분이고 논리적 정당성이라는 것을 깨닫게 된다. 어느 쪽이든 무리를 하는 쪽은 결국은 물러서거나 주저앉게 되어 있다. 명분을 쥔 쪽이 이기고 명분이 없는 쪽은 진다. 큰 명분이 이기고 작은 명분은 큰 명분에 휘말리게 된다. 무슨 배후 세력을 동원한다거나 물리력을 동원하는 것은 궁극적으로는 도움이 되지 않는다. 거창한 노사관계 전담 부서를 만드는 것도 부질없는 짓이다. 그런 동원 세력이나 전담 부서가 더 나은 명분을 만드는 것이 아니기 때문이다.

마찬가지로 노사관계에 관한 대책 부서의 간부로 과거 노조간부 출신을 임명한다거나 위압적인 외모의 간부를 임명하는 것도 마찬가지로 부질없는 일이다. 오히려 전혀 노조를 잘 통제하지 못할 것 같지만 논리가 매우 정연하고 차분하면서도 강직한 사람이 노사관계를 더 잘 이끌어가는 것은 얼마든지 볼 수 있는 현상이다. 최후까지 남는 것은 결국 명분이고 정의라는 사실은 공조직의 노사관계에서도 예외가 없다는 것을 알아야 할 것이다.

근무평정을 위임하라

어느 조직에서든 인사는 어렵고 중대한 일에 속한다. 조직생활의 경험을 들어보면 인사는 그 대상이 되는 사람에게만 중대한 관심사가 아니라 인사를 하는 사람의 입장에서도 매우 어렵고 신중한 일임을 알 수 있다. 본질로 미루어보면 그것이 마땅한 것인지도 모른다. 인사가 잘 되었다 잘못 되었다 하는 것은 한 조직이 바르게 서 있느냐 아니면 기울어져 있느냐 하는 문제, 그리하여 무언가 더 나은 내일을 추구할 수 있는 희망을 가지고 있느냐 없느냐 하는 문제와 직결되어 있기 때문이다. 그러므로 인사가 만사라는 말은 단순한 강조가 아니라 사실이고 그것이 바로 조직 경영의 대종임을 말해주는 것이다.

인사 중에서도 가장 중요한 것은 승진이며 승진은 근무평정에서 부터 비롯된다. 훌륭한 조직은 합리적인 근무평정제도를 가지고 있어야 한다. 간혹 어리석은 수장은 일부러 허술한 근무평정과 승진심사 체계를 갖기도 하는데 그것은 최종적인 승진에 자신의 재량권을 방해받지 않고 행사하기 위해서다. 그러나 허술한 근평제도는 그렇게 생각하는 수장의 생각과는 달리 인사를 불합리에 내맡기거나 빗나가게 한다. 무엇보다 객관성 없는 인사를 하여 조직 기강을 왜곡시킬 가능성이 크다. 엉성한 체계는 한두 사람의 주관적 판단이 횡행할 수 있도록 하기도 하고 그나마 인사를 수장의 뜻대로 하지도 못하고 외부의 압력이나 내부 참모들 간의 알력에 내맡기는 계기가 되기도 한다. 제도가 엉성하니 결국 그 틈으로 불합리한 것들이 스며드는 것이다.

우리나라 공직사회의 기본적인 근평체계는 상급자 평정이다. 대부분은 직상급자와 차상급자가 평정한 점수를 평균하여 산출한다. 하지만 이 전통적 방법에는 매우 많은 문제점이 있다. 우선은 한두 사람의 평정에 주로 의존하다 보니 객관성에 문제가 생길 수 있다. 사람은 아무리 객관적이고자 하더라도 주관의 편중에서 완전히 벗어나기는 어렵다. 어떤 사람이 신중하다고 판단한 것을 다른 사람은 우유부단하다고 판단할 수 있다. 어떤 사람이 과감하다고 판단한 것을 다른 사람은 부주의하다고 판단할 수 있다. 이렇듯 개인의 판단은 객관적인 것 같으면서도 주관의 영역을 벗어나기 어려운 것이 사실이고 이 점이 그동안의 평정제도에서 운명적 한계로 작용해왔다.

그러나 그보다 더 큰 문제점이 있다. 부서가 다른 경우에 각 부서별로 우수하다고 평정된 피평정자들 중 누가 더 나은지를 비교 계량할 방법이 없다는 것이다. 그래도 승진자를 선정하자면 누군가를 선정해야 하기 때문에 보통은 산출된 점수에 의존하게 된다. 그러다 보면 절대 점수가 많은 쪽이 선택되거나 이런 저런 가산점에 좌우되고 만다.

우리나라 공직사회가 하루이틀 된 것이 아니고 또 조직 숫자도 하나둘이 아니기 때문에 공직 바깥에 있는 사람은 우리나라 공직사회가 이런 엉성한 근무평정방법을 가지고 있으리라고는 믿지 않을 것이다. 그러나 그것은 사실이다. 수백 개 어쩌면 수천 개가 넘을지도 모르는 공직사회가 반백 년이 넘도록 합리적인 근무평정체계 하나 제대로 갖추지 못하고 있는 데에는 나름대로 이유가 있다. 그것은 상급자 근평 그리고 "인사는 인사권자의 고유한 권한이다"라는 두 원칙을 반백 년이 넘도록 신주단지처럼 옹호해왔기 때문이다. 거기에는 "다른 모든 권한은 위임을 해도 인사권만큼은 위임하는 것이 아니다" 하는 봉건시대의 원칙이 주술처럼 가세해왔다. 인사권을 넘기는 순간 모든 권한이 위임받은 사람에게로 넘어가고 만다는 것이다. 이 두 원칙이 고수되는 한 불합리한 근평제도가 고쳐지지 못하는 것은 불가피하다.

이 때문에 이를 시정한다고 소위 다면평가제도가 유행처럼 도입되던 때가 있었다. 그러나 이 다면평가제도는 상급자 평가를 굳게 신봉하면서 그것만이 조직의 기강을 살리는 유일한 인사제도라고 믿는 대부분의 수장들에 의해 눈엣가시처럼 밉보이다가 결국은 스멀스멀 사라지고 말았다. 다면평가가 한때의 유행으로 그치고만 이면에는 이러한 조직 수장들의 거부감뿐만 아니라 제대로 된 다면평가의 방법을 개발하지 못하고 그것을 여전히 불합리한 방식으로 운영한 것도 중요한 요인으로 작용하였다.

나는 여기서 근무평정의 새로운 방안을 제안하고자 한다. 한 마디로 그것은 상급자 근평을 완전히 탈피한 민주적 평가방법이다. 다수의 평가자들이 다수의 피평정자를 대상으로 상대평가를 한다는 점에서는 과거의 다면평가와 유사하다. 다만 다각적인 안전장치를 두어서 객관적 평정에 이를 수 있도록 하였다는 점에서 과거 상급자 근평과도 다르고 다면평가와도 다른 민주적 평정이 되도록 고려한 것이다. 한마디로 근평에 대한 권한이 상급자에게서 전체 구성원에게로 위임되는 방식이다. 구체적 평정방법에 관하여는 말미의 자료를 참고하기 바란다.

　나의 경험에 의할 때 이 방법을 처음 경험하는 사람들은 두 가지 측면에서 매우 놀라곤 한다. 첫째는 그 방법이 너무나도 단순하다는 점에 놀란다. 너무 단순하기 때문에 공식적인 제도로 채택하는 것을 주저하게 될 정도다. 그러나 사람들은 그 결과가 너무나도 객관적이라는 점에 또 한 번 놀란다. 그러므로 이 방법을 채택하자면 인사 담당자는 발상의 대전환을 꾀하지 않으면 안 된다. 단순하다 하더라도 그 결과가 불합리하지 않다면 단순함은 장점으로 받아들여야지 문제점으로 받아들여져서는 안 될 것이다. 공연히 세밀한 척하는 구조를 가진 현재의 평정방법도 평정의 실제에 이르면 누구나 종합적, 직관적 평가방법을 사용한다. 민주적 평정에 있어서는 그 현실을 솔직히 수용하고 있다.

　이 평정방법은 인사는 인사권자의 고유권한이라고 하는 닳고 닳은 원칙을 폐기하고 있다. 이것은 어쩌면 정치사회에서 통선거에 버금가는 의의를 가질 수도 있다. 이것은 인사권자가 스스로의 권한을 포기하는 것이 아니라 단지 그 위험성을 배제하는 것이며 공동근무 단위에 속하는 많은 사람들의 다중적 경험에서 요체를 추출하여 그 것을 스스로의 판단 기준으로 삼는 것일 뿐이다. 그러므로 이 방법에 는 수장이 조직구성원들에 대해 가지는 신뢰가 있고 구성원들의 마음으로 수장의 마음을 삼는 대의성代議性이 있다.

그럼에도 불구하고 내가 이 평가방법을 구체적인 현실에 접목하는 과정에서 뒤늦게 깨달은 것은 이 평가방법은 제안되자마자 맹렬한 찬반에 부딪힌다는 사실이다. 처음에 나는 그것이 각자의 개인적인 견해에서 오는 것이라고 평범하게 생각하였다. 그러나 그것이 단순한 견해 차이가 아니라는 것을 깨닫는 데에는 다소의 시간이 걸렸다. 나중에 안 것이지만 각자의 견해는 이 새로운 방법이 만약 자신에게 적용이 된다면 유리하게 작용될까 불리하게 작용될까를 아주 짧은 시간에 감각적으로 판단한 결과임을 깨달은 것이다.

자신에게 불리하게 작용한다고 판단하는 사람은 이 제도가 결국 인기투표에 불과하며 이런 인사제도는 조직원들로 하여금 업무상의 노력을 하게 하기보다 처세나 대인관계 같은 터무니없는 분야에 몰두하게 만들 것이라고 소리 높여 성토를 한다. 나는 그런 의견을 내놓는 사람들에게 공통되게 반문했다. "그렇다면 당신은 당신이 평가자가 되었을 때 조직을 위하여 진정한 노력을 기울이는 사람보다 처세나 대인관계에 몰두하는 사람에게 더 높은 평점을 부여하겠느냐"고. 아무도 그렇게 하겠다고 답변한 사람은 없었다. 그래서 "왜 그러면 당신은 그렇게 하지 않을 것을 장담하면서 다른 사람은 그럴 것이라고 판단하느냐?" 하면 대부분 우물쭈물하고 대답을 못한다. 결국 인기투표 운운의 비난은 그런 제도 하에서는 좋은 평가를 받을 자신이 없는 하위 공직자나 인사권을 휘두르지 않고는 리더십을 발휘할 수 없다고 생각하는 상위 공직자의 불안을 반영하는 것에 지나지 않는다.

나는 이 평범하면서도 객관성 높은 방법이 비영리적 공조직들에서 보편적인 근무평정방법으로 자리 잡을 수 있게 되기를 바란다. 말할 나위도 없이 이것은 근무평정이라는 분야에 걸친 새로운 기술적 장치의 도입이기를 넘어 민주적 절차와 이념을 현대 공조직의 내부에 한층 구체적으로 시현하는 특별한 의의를 가질 것이다. 그리고 모든 민주적 제도의 도입이 그러하듯 오직 신념과 용기를 가진 수장만이 수용할 수 있을 것이다.

종종 사람들은 해보지도 않고 폐해를 이야기하는 경우가 많지만 나는 이 새로운 근무평정제도를 현장에서 실제 시행해본 결과 아무런 폐해도 없었다. 정 자신이 없는 조직이라면 보조적 평정제도로 활용하거나 시험적, 참고적 제도로 시행해본 이후에 정식 도입 여부를 판단하는 것도 좋을 것이다.

참고로 이 평정제도는 그 조직의 규모, 특성에 따라 효용성이 다를 수 있다. 주로 조직 규모가 크고 조직원들이 산재해 있는 등으로 조직원들 상호간의 인지도가 낮아 숨은 인재를 찾아내기 어려운 경우에 더 효용성이 크고 도입 필요성도 높은 특징이 있음을 밝힌다.

민주적 평정의 방법

평정의 방법은 다음과 같다.

우선 평가를 받아야 할 사람들을 상대평가가 가능하도록 일정한 규모 이상으로 그룹핑한다. 그 규모를 몇 명 정도로 할 것인가 하는 것은 조직의 여건에 따라 다르지만 상대평가가 가능하자면 5명 이하로 내려가는 것은 문제가 있다. 평정과정을 컴퓨터 프로그램으로 관리한다면 상한선은 제한이 없다.

그다음은 이 피평가자들을 평가할 평가자 그룹이다. 평가자들도 일정한 규모 이상으로 다수일 것을 요구하는 것이 이 평가방법의 특징이다. 역시 5명 이하는 문제가 있고 구태여 너무 많을 필요는 없다. 역시 경험에 의할 때 평가자 그룹은 20명 내지 40명 정도가 적당해 보인다. 한 가지 조건은 평가자들과 피평가자들은 공동 근무 단위에 속해 있어야 한다는 것이다. 반드시 동일한 근무부서를 요구하지는 않지만 전보, 업무 협력 등을 통해 피평가자를 어느 정도 알 수 있는 경험 공동체가 형성되어 있어야 한다. 평가자 그룹은 피평가자 그룹의 상급자들로 구성할 수도 있고 상급자와 하급자, 동료들로 합동 구성할 수도 있다.

이제 각 평가자에게 피평가자 전원의 명단이 주어진다. 물론 피평가자들은 서로 상대평가가 가능한 동일 직급이어야 할 것이다. 다만 반드시 동일 직군職群이어야 할 필요는 없다. 2~3개 직군의 피평가자를 한 개의 군으로 묶어 평가한 다음 최종 결과에서 직군별로 나누게 되면 결국 직군별로 평가한 것과 다름없게 되기 때문이다.

각 평가자는 주어진 명단을 보고 피평가자들을 다음 세 가지 중 하나로 분류한다. 첫째, 자신이 그 사람의 능력이나 자질 등을 잘 아는 사람. 둘째, 그 사람을 평가할 수 있을 정도로 알기는 하나 아주 깊숙이 안다고 하기는 어려운 사람. 셋째, 전혀 모르거나 알기는 하지만 평가를 하기에는 아는 정도가 미약한 사람. 이 세 경우를 각각 상중하上中下로 표기한다. 이 과정을 지인도知人度 평가라고 부르기로 하자.

근무평정의 대상이 되는 것은 지인도 평가에서 상과 중으로 판단된 경우만이다. 자신이 잘 모르는 사람은 제쳐놓고 평가를 하지 않도록 하는 것. 이것이 지인도 평가가 가지는 중요한 안전장치가 된다. 자신이 잘 알거나 어느 정도 아는 사람만을 대상으로 이제 본격적인 능력 및 자질 평가를 한다. 즉 아주 탁월한 사람(탁월)과 비교적 우수한 사람(우수), 그리고 보통인 사람(보통), 부족한 사람(미흡)으로 나누는 4분류 평가다. 그런데 이 4분류 평가는 철저한 상대평가로 이루어진다. 탁월에 10%, 우수에 40%, 보통에 40%, 미흡에 10%의 피평가자를 할당하여 강제적으로 상대평가를 하게 하는 것이다. 물론 조직의 특성이나 여건에 따라 세부적인 사항은 따로 정하면 된다. 이를테면 탁월이나 미흡은 평가자의 판단에 따라 구태여 해당자가 없으면 선정하지 않아도 되도록 한다든가, 탁월의 비율을 15%로 늘린다든가, 4분류 평가 대신 5분류 평가를 도입한다든가 하는 것이 그것이다. 비율에 따라 구체적인 인원수를 할당하는 수학적 기준은 따로 정하면 될 것이다.

평가는 그것으로 끝난다. 이제 인사 담당자는 그것을 집계하면 된다. 탁월, 우수, 보통, 미흡에는 각각 10점, 8점, 6점, 4점의 평점이 주어진다. 지인도를 중으로 평가한 경우는 상으로 평가한 경우에 비해 양적으로 절반만을 반영한다. 말하자면 '상'에 1의 상수를 부여한다면 '중'에는 0.5의 상수를 부여하면 되는 것이다.

이를테면 어떤 한 사람을 두 사람이 평가를 하였는데 한 사람은 지인도가 상이면서 탁월로 평가하였고 다른 한 사람은 지인도가 중이면서 우수로 평가하였다고 하자. 그러면 그 사람에 대해 두 사람이 내린 평가의 종합 평점은 이렇게 산출된다.

$$\{(1 \times 10) + (0.5 \times 8)\} \div (1+0.5) = 9.33$$

말할 나위도 없이 이런 산출방법은 그 사람을 좀 더 잘 알고 있는 사람의 평가에 약간의 비중을 더 두기 위한 것이다.

마지막으로 승진자 결정에 있어서는 이 평정 결과를 기계적으로 적용하기보다는 약 2배수 정도의 추천에 따라 인사위원회 또는 임명권자가 최종 결정토록 한다. 그 과정에서 직상급자들의 의견을 참조하게 된다면 지휘통제력의 약화라는 기우도 해소될 수 있을 것이다.

4

국민이 답이다

만약 국민들이 이걸 알면 뭐라 하겠어?

이 땅의 공직자로 어느 정도 연륜을 갖춘 사람이라면 동료들이나 부하 직원들과 대화하는 자리에서 다음과 같은 말을 해보지 않은 사람이 있을까?

"이것 봐! 이런 것을 만약 국민들이 알게 된다면 뭐라고 하겠어?"

각자가 몸담고 있는 직무야 천차만별이겠지만 그런 경우에 하는 말은 아마 똑같을 것이다. 그리고 이 말이 무엇을 뜻하는지 모르는 공직자도 없을 것이다. 국가적 과제의 온갖 분야에 걸쳐서 공직자들은 지금도 국민들이 모르고 있다는 사실을 천만다행으로 생각하며 안도하는 제가끔의 문제점들을 잘 알고 있을 것이다. 그리고 그런 말을 하는 순간, 담당 공직자로서의 부끄러움, 국민에 대한 미안함, '이것은 아닌데' 하는 생각이 전혀 없는 공직자도 없을 것이다. 그러나 그런 생각은 잠시다. 그것보다 몇 배나 더 현실적으로 다가오는 것이 바로 안도감, 국민들이 모르고 있다는 사실의 다행스러움, 어느 누구도 그것을 가지고 내게 뭐라 할 사람은 없으리라는 안전감이다.

물론 그런 말을 하면서 주어진 문제점을 개선하기 위해 적극 나서는 공직자도 없지는 않을 것이다. 그러나 과연 그런 자세를 보이는 공직자가 몇이나 될까? 아마 훨씬 많은 공직자들이 그 반대편에 서서 "맞아, 국민들이 이런 것을 알게 되면 난리가 나지!" 하며 행여 그런 사실이 외부에 알려질까 전전긍긍하고 정말로 그럴 가능성이 높은 경우에는 사실을 감추기 위해 안간힘을 쓰지 않을까? 소위 "보안을 잘 유지하라"는 말을 공직자들은 바로 그런 순간에 너나없이 사용하고 있다.

공직사회의 이런 안이한 체질과 관행에 대응하기 위해 마련된 가장 대표적인 제도가 국정감사일 것이다. 국정감사가 개시되면 모든 관가에서는 "보안을 잘 유지하라"는 말이 부쩍 빈번해진다. 그런 지시를 하는 사람도 받는 사람도 아무런 감각이 없이 그런 말을 한다. "보안을 잘 유지해라" 외에도 "큰 틀에서 원론적인 답변만 해라" "최소한의 자료만 줘라" 등의 말은 그 기간에 걸쳐 모든 피감기관에서 은밀하게 아니 공공연히 속닥거려진다.

모든 공조직에는 "재직 중은 물론 퇴직 후라도 업무상 지득한 비밀을 누설하여서는 아니 된다"고 하는 규정이 있는데 실질적으로 그 금지는 국민에게 해를 끼치는 비밀의 누설을 대상으로 한 것임에도 철저히 악의적으로 준수되곤 한다. 물론 국정감사는 그렇게 감추어진 문제의 1%도 드러내지 못하고 있다. 국정감사를 둘러싼 이런 해프닝들은 "국민들이 이걸 알면 뭐라 하겠어?"라는 말을 에워싸고 있는 추한 공직 현실의 그나마 가시적인 한 부분이다.

국회의원들은 이런 풍토를 질타하며 자료를 충실히 제출하지 않는다고 난리를 친다. 그러나 국회의원들이 이런 문제에서 할 수 있는 역할은 매우 적다. 우선 그들은 실상을 잘 모른다. 그러므로 무엇이 문제인지, 어디에 어떤 문제가 숨어 있는지 알기가 어렵다. 따라서 무턱대고 의문스러운 곳을 짚는다고 해서 숨은 문제가 튀어나오지도 않는다. 오히려 공연한 선입견만으로 접근하다가 관료들의 역공을 받거나 불필요한 갈등만 깊어지는 경우가 많다. 그러나 더 근본적으로 문제가 되는 것은 국회의원들의 자세다.

적지 않은 국회의원들이 진정으로 국민을 생각하는 차원에서가 아니라 스스로의 활동을 돋보이게 하겠다는 얕은 생각에서 처신하는 경우가 많다. 그래서 별것 아닌 것을 대단한 문제나 되는 것처럼 보도자료를 내기도 하고 객관성 없는 판단으로 없는 문제를 만들어내거나 작은 문제를 침소봉대하기가 일쑤다. 그들의 이런 진정성 없는 자세는 결국 관료들로 하여금 사실을 숨기고 문제를 호도하는 것이 정당하거나 최소한 불가피한 것처럼 인식하게 만든다. 결국 관료 사회의 이런 풍토를 시정하는 데에 국회는 거의 긍정적인 역할을 하지 못하고 있다. 아니 나쁘게 말하면 오히려 그런 풍토를 조장하고 합리화시켜주고 있다고 해도 과언이 아닐 것이다.

공조직의 불투명한 체질을 개선한다고 공식적으로 시행하는 몇몇 행정적 노력은 대부분 외양에만 치우쳐 있다. 정보공개제도, 경영공시제도 등이 그것인데 그 성과는 미미하다. 왜냐하면 모든 공직자들의 자발적 의식 개선만이 이 문제의 궁극적 해결 방안이기 때문이다. 국민들이 잘 모르고 있다 하여 문제점을 감추어두고 마치 아무 일도 없다는 듯이 자신의 보직 기간을 무사히 넘기려는 생각을 스스로 혐오하고 모든 문제에 진정성을 가지고 다가서려 할 때에만 이 문제는 궁극적인 해결에 이를 것이다. 설혹 국민이 알게 되어 질타를 받더라도 있는 문제가 솔직히 공개되어 국민과 함께 개선방안을 찾아가는 것이 나라를 위하고 국민을 위하는 길이다. 다소 시끄러워질 것이라 해서 깔고 앉아 있다가 후임자가 오면 말없이 넘겨주는 것이 공직의 기풍이 된다면 숨어 있는 문제는 도무지 해결될 기약이 없을 것이다. 정말 그런 자세를 국민들이 안다면 뭐라 하겠는가?

만약 투명한 의지와 용기를 가진 조직의 수장이라면 그 조직의 업무영역 내에 그런 식으로 숨겨진 문제점들이 무엇인지부터 조사하고 보고케 하는 것이 어쩌면 가장 급선무가 아닐까? 숨기고 덮어두는 것이 오래되다 보면 결국 스스로도 모르게 되는 가장 깊은 경지(?)로까지 들어가는 것을 우리는 흔히 본다. 모르는 것이 약이고 가장 완벽한 보안은 자기도 모르는 것이기 때문이다. 이런 기막힌 경지에까지 들어가면 가장 손해를 보는 것은 결국 국민이 된다. 그런 단계에 이르러 국가가 썩고 공조직이 썩기 전에 가라앉아 있는 문제, 그늘 속에 숨겨져 있는 문제, "이런 것을 국민들이 알면 뭐라 하겠어?" 하는 문제를 수면 위에 떠오르게 할 수 있는 수장, 그런 수장이 되는 것이 정녕 그렇게도 어려운 일일까?

우리는 이제 자주민이다

"때로는 생떼를 쓰고 이치에 닿지 않는 주장을 하면서 사무실에서 고래고래 소리를 지르는 분들이 있더라도 그분들을 무시하거나 비천한 사람 취급을 하지 않도록 합시다. 우리가 일제의 식민 통치를 받던 시절을 생각해봅시다. 우리가 이민족의 지배를 받을 때 그들로부터 얼마나 멸시를 받았습니까? 그때 우리의 소원이 무엇이었습니까? 우리도 언젠가 독립국가의 백성이 되어 떳떳한 자주민으로 대접받으며 자존감 속에서 당당하게 살아갈 날을 간절히 기원하지 않았습니까? 이제 우리는 독립국가를 건설하였고 그 독립국가의 자주민이 되었습니다. 생떼를 쓰고 고래고래 소리를 지르는 저분들도 그 자주민이며 그날에 우리가 기원하던 꿈의 백성들입니다. 그러니 우리가 그분들을 대할 때 절대 무시하거나 멸시하지 않도록 합시다. 한국인이 한국인들을 존귀하게 대접하지 않으면 이 세상 어느 나라 사람들이 한국인을 존귀하게 대하겠습니까? 우리가 우리 국민을 손쉽게 통치하기 위해 우민화愚民化하려는 유혹에 빠지거나 공복으로서의 입장을 잊고 잘난 척 국민을 지푸라기 취급할 때 이 지구상에 한국인이 설 자리가 어디에 있겠습니까? 우리가 우리 국민을 자주민답게 그 궁극적 존엄에 기하여 대할 때 세계인들도 우리를 존귀하게 대한다는 것은 철칙입니다. 이 철칙을 절대 잊지 맙시다."

소위 '악성민원'이 많은 조직의 특성상 몇 차례인가 직원들에게 들려주었던 이야기다.

한 나라의 정치권력이 자기 나라의 국민들을 단지 지배하고 다루어야 할 객체로만 이해하는 것은 정치적 후진국에서 흔히 볼 수 있는 현상이다. 그런 나라들에서는 국가권력의 그런 시각에 따라 공직자들도 그 공직 업무분야와 관련된 국민 개개인들을 마찬가지로 하찮은 객체, 단지 소란스럽고 이해관계에 따라 자기 주장만 펼치는 우매한 존재들로 생각한다. 삶의 밑바닥층에 살고 있는 국민들의 동떨어진 현실을 이해해볼 생각은 추호도 하지 않으면서 "우리나라는 도무지 헌법 위에 떼법이 있다"는 빈정거리는 소리에 도취된 공직자들이 적지 않다.

문제는 국가권력과 공직자들의 그런 국민 이해가 바로 세계 속에서 확보되는 그 나라의 위상과 그 나라 국민들의 수준을 결정한다는 사실이다. 또 그런 나라들일수록 국가적 위상을 높인다는 과제에는 목을 맬 정도로 골몰하면서 경제력의 배양에만 전력을 기울이는 것을 볼 수 있다. 물론 경제적 위상 제고가 존엄한 국민으로 자리 잡는 일과 전혀 무관한 것은 아니지만 엄밀하게 따지면 양자는 구분되어야 할 변수들이다.

이 지구상에는 대단치 않은 국력을 가지고 있으면서도 존엄한 국민과 자존심 높은 국가로 자리 잡고 있는 나라들은 얼마든지 있다. 구태여 돈벌이에 혈안이 되어 품격도 팽개치고 나서지 않더라도 단지 우리가 우리 국민 한 사람 한 사람을 존엄에 기하여 바라보고 처우하는 것만으로 우리의 위상이 수직 상승할 수 있는 길이 있다면 우리는, 특히 우리 공직자들은 당연히 그 길에 앞장서야 하는 것 아니겠는가! 대한민국의 국민으로 살고 있다는 것이 자랑스럽게 느껴지지 않을 때, 때로는 그것이 부끄럽게 여겨질 때 자주자주 생각하게 되는 주제다.

'높은 곳'을 믿는 씁쓸한 신앙

행정체계에 있어서 '높은 곳'이라고 하면 어디를 말할까? 사안에 따라 상대적이겠지만 대개 중요한 사안에 대한 의사결정이 최종적으로 이루어지는 곳이라고 보면 될 것이다. 정부 부처로 말하자면 장차관선 정도? 더 높은 곳으로 말하자면 대통령과 그를 둘러싼 대통령실 같은 곳? 어디라도 좋다. 대한민국의 국민이라면 국가 정책의 온갖 것들이 결정되는 저 높은 곳에서는 모든 것들이 충분히 검토되고 충분히 논의되고 따져지는 등 온갖 검토가 잘 이루어질 것이라고 생각할 것이다. 여의치 못하더라도 최소한 무언가 말 못할 사정이 있겠지 하고 생각한다. 사실일까? 천만의 말씀이다.

그 높은 곳이 얼마나 엉성하고 얼마나 안일하고 얼마나 독단과 선입견과 일방성에 의해 움직여지기 쉬운지를 알면 국민들은 기가 막혀 벌어진 입이 다물어지지 못할 것이다. 이 나라가 이만큼이라도 모양을 갖추고 움직여가는 것은 그 높은 곳이 신뢰할 만한 검토 수준과 시스템을 갖추고 있어서라기보다 수많은 국민들이 그런 천진한 믿음으로 그 높은 곳을 믿어주고 있어서라고 하는 것이 차라리 옳을 것이다.

내가 아는 한 관료는 자신이 처음 정부의 초급 간부가 되었을 때 자신이 엉성하게 검토하고 대충 써서 올린 한 기안문서가 중간단계의 어느 누구로부터도 수정되지 않은 채 번듯이 장관의 결재를 받아 내려온 것을 보고 큰 충격을 받았다는 이야기를 들려준 적이 있다. 그는 그때부터 첫 기안자로서의 자신이 얼마나 높은 책임감과 사명감으로 일해야 하는지를 절실히 깨달았다고 한다.

일률적으로 모든 것을 형편없는 수준으로 치부하려는 것은 아니다. 다수의 공직자들이 사명감을 가지고 일에 임하고 있는 것은 사실이다. 그러나 국민이 막연히 신뢰하는 수준에 비하면 너무나도 엉성한 수준이 아닐 수 없다. 알아야 할 것을 모르고 고민해야 할 것을 고민하지 않고 공정하고 객관적으로 접근해야 할 일들에 대해 독선과 편견과 당파성에 따라 접근하는 경우가 비일비재하다. 그렇게 허수히 버려진 국가 경영의 모퉁이들은 결코 한두 곳이 아니다. 그 허술한 허점들이 모두 우리 순진하기 짝이 없는 국민들이 그저 '높은 곳에서는 알아서 잘 하시겠지' 하는 씁쓸한 신앙으로 그럭저럭 메워지고 있다는 사실이 생각할수록 서글픈 것이다.

이것은 어쩌면 태고 이래로 권력의 질서 속에서 살고 있는 백성들이 가지는 생래적 안전장치인지도 모른다. 방치하고 있는 것은 마치 긴 고민에라도 빠져 있는 것처럼 보이고 독선과 아집은 마치 과

단성 있는 결단처럼 보이는 것은 쥐꼬리만한 권력이 그 '위상차'만으로 확보하고 있는 죄 많은 어드밴티지가 아닐 수 없다. 권력의 상층부로 갈수록 이 어드밴티지를 향유하고 그것에 중독되기 쉽다는 것을 우리 국민도 이제 알 때가 되었고 그만큼 그들을 감시할 필요가 있다고 생각한다. 순진한 국민을 믿고 안락에 빠져 있는 권력자들에게 유사시에는 모든 책임이 그리로 돌아갈 수 있다는 경고도 내려질 필요가 있다. 그러나 그런 일이 생기기 전에 스스로 높은 곳에 있어 그런 쓸쓸한 신앙의 대상이 되고 있다고 생각하는 사람들은 안일과 교만에 빠지지 말고 진솔하게 그 지위와 역할에 어울리는 정성과 노력을 다 하여야 할 것이다.

평가의 노예가 되지 마라

모든 공조직과 공직자들은 오늘날 크고 작은 평가에 둘러싸여 있다. 사오십 년 전의 공직에 비해 지금의 공직이 크게 달라진 점 중의 하나도 바로 이 평가 시스템의 보편화라 할 수 있다. 물론 옛날에도 평가가 없었던 것은 아니다. 그러나 옛날에는 아무래도 주관적 평가가 많았고 평가방법도 특별한 형식을 갖추지 못한 주먹구구였다고 할 수 있다.

오늘날의 평가는 그 양상도 다양해졌고 방법도 비교적 객관화되고 구체화되었다. 그것은 복잡다기화된 사회를 합리적으로 관리하는 데에 따른 불가피한 현상일 것이다. 다양한 평가제도 중에서 공조직과 공직자들에게 직접 영향을 미치는 본격적인 평가 시스템은 아무래도 중앙정부, 지방정부, 정부 산하기관 등을 대상으로 실시하는 기술적 장치에 의한 제반 평가, 이른바 기관평가, 실적평가, 성과평가, 청렴도 평가, 친절도 평가, 기관장 평가 등으로 불리는 평가제도를 말한다 할 것이다.

이 다양한 평가 시스템이 가동되는 양상을 지켜보면 현재 많은 문제점들이 도사리고 있다. 우선 평가 자체가 여러 가지 한계를 가지고 있다는 점이다. 평가에는 무엇보다 객관성이 요구되는데 객관적 기준을 제시할 수 있는 업무는 전체 업무의 극히 일부분에 불과한 실정이다. 평가가 각 조직에 미치는 영향력이 커지면 커질수록 평가기준의 객관성에 대한 요구도 커지지만 오히려 그런 요구의 첨예화 때문에 시비에 휘말리지 않고 밀어붙일 수 있는 평가기준은 더욱 적어지는 현상이 나타난다. 결국 몇몇 제한된 업무만 가지고 기관 또는 개인을 평가하게 되는데 그것은 평가 결과에 이르러 상식적 판단과 괴리되는 현상을 보여 평가에 대한 신뢰를 떨어뜨린다.

때로는 평가 영역이 협소해지지 않기 위해 주관적 평가로 그 공백을 메우게 되는데 그것은 다시 평가의 객관성 부족이라는 애초의 문제점만 부각시키게 된다. 평가 자체가 가진 속성상 상대평가는 불가피하지만 피평가자나 기관이 서로 다른 업무를 수행하는데다 업무의 여건마저 상이하여 그런 조직들을 동일한 잣대에 따라 평가하는 것이 가능한 일이냐 하는 원초적 문제까지 대두할 경우 평가는 깊은 딜레마에 빠질 수밖에 없는 것 같다.

평가기준이나 항목, 방법도 이런 한계를 가지고 있지만 그나마 운영되고 있다는 평가마저 갖가지 문제들에 둘러싸여 있다. 한마디로 평가를 잘 받기 위한 여러 노력이 공직 수행에서의 바람직한 노력과 별로 일치하지 않는다는 것이다. 아니 일치하지 않는 정도가 아니라 자주 변칙과 왜곡과 사술에 빠지는 것을 볼 수 있다. 워낙 평가 대상기관이 다양하고 평가 대상 업무도 다양하기 때문에 그 양상을 일률적으로 이야기하기는 어렵지만 평가기준을 아전인수식으로 조작한다든지, 설문조사 대상 집단을 자의적으로 결정한다든지 또는 그들에 대해 세뇌 공작을 벌이거나 회유 목적의 사업을 추진한다든지, 성적을 향상시키기 위해 정상적인 노력을 기울이는 대신 결과만을 좋게 하기 위해 비정상적인 사술을 동원하는 일들이 빈번히 발생하고 있다.

또 실제 필요성은 느끼지 못하면서 단지 평가를 받는 데에 도움이 된다는 이유로 불필요한 사업을 기획하고 추진하는 것도 이제는 거의 일상적인 양태가 되어버렸다. 더 나아가 로비를 벌이기 위해 평가위원을 사전에 만나 학연, 지연, 혈연 등 갖은 수단을 동원하기도 하고 그들이 소속된 학교나 기관에 고가의 용역을 발주하는 등 거의 범죄에 근접하는 일탈행위를 서슴치 않는 것이 작금의 솔직한 현실이다.

그러나 사실 이런 병폐는 오히려 감내할 수도 있다. 또 엄하게 관리하면 막을 수 있을지도 모른다. 그러나 더 심각하면서 막기마저 어려운 문제는 공직자들이 이런 평가 시스템에 피동적으로 길들여지는 것이다. 공직자들이 공무를 자신의 진정성에 기하여 추진하는 것이 아니라 평가 시스템이 배치한 구도에 맞추어 근시안적이고도 표적 지향적으로 추진하는 자세가 만연되고 있다는 것이다. 상시적인 평가 시스템 속에서 그 결과에 연연하여 일하다 보면 자기도 모르게 이런 조잡한 업무 자세에 길들여지는 것이다. 이것은 어쩌면 서서히 공직 정신의 죽음을 야기하는 것이 될 수도 있다는 점에서 경종을 울리는 일이 아닐 수 없다.

이를테면 조선조의 과거제도가 얼마나 선비 정신을 왜곡시키고 그 시대의 학문풍토를 해쳤던가를 상기해보자. 수많은 젊은이들이 과거에 합격해야 한다는 근시안적 목표에 매몰되어 그럴듯한 미문에만 집착하거나 과거에 써먹기 좋은 시부를 외우고 익히느라 아까운 청춘을 낭비했던 것이다. 그들이 그 왜곡된 길에서 헤맨 결과 조선의 정신은 옳고 그른 것을 판별하는 지혜를 함양하지 못했고 의롭고 어진 것을 향해 나아가는 데에 필요한 열정을 잃어버리게 되었다. 결국 그들은 뭘 해야 할지 모르는 무능한 관료들이 되고 자신의 영달과 사리사욕을 앞세우는 탐관오리들이 되어 토색질을 일삼는 아전들과 결탁을 하여 백성을 도탄에 빠뜨렸던 것이다.

소수의 뜻있는 젊은이들은 급기야 과거제도를 외면하는 극단적 선택을 통해 참 학문을 도야할 수 있었다. 이것은 엉뚱한 방향으로 굴러가고 있는 공직사회의 평가제도에 있어서도 큰 교훈이 될 수 있을 것이다.

그럼에도 불구하고 일부 공조직은 리더가 앞장서서 이런 왜곡된 행태를 독려하고 진두지휘하는 모습도 보여주고 있다. 한마디로 그런 리더는 리더로서의 자격이 없는 사람이다. 조직을 위해서라는 터무니없는 명분을 내세우지만 그것은 자질과 안목의 부족 이외에 아무것도 아니다. 조직을 그런 방식으로밖에 위할 수 없는 자질이라면 미래의 우리 사회를 위해서는 과감히 물러나는 것만이 옳은 선택이다. 피평가 기관의 리더나 간부라면 설혹 평가의 결과가 조직에 혹은 개인에 미치는 영향이 크다 하더라고 정당하고 명분 있는 방법으로 좋은 평가를 받으려는 노력을 하는 것이 마땅하다. 평가 항목에 들어 있는 업무라고 해서 특별히 신경을 쓰고 들어 있지 않다고 해서 방치하는 것은 얼마나 자존심 없는 행동인가!

평가제도도 좋지만 그것이 이 땅의 공직자들로 하여금 실적과 평가의 노예가 되게 해서는 안 된다. 제가끔의 공무가 지닌 근본 취지를 향해 열정적으로 노력하는 정신을 배양하지 않고 공직자들을 실적에 연연하고 평가에 구애되는 소인배들로 만들게 되면 그것은 더 근본적인 차원에 걸쳐 비참한 결과를 낳고 말 것이다.

그러나 현재 우리나라의 상황은 전체 공조직에 대한 단순한 지배와 통제, 관리 차원에서 이러한 평가제도를 무반성적으로 밀어나가고 있을 뿐이다. 더 나아가 차등보수제를 통해 그것을 피상적으로 완성시키려는 얕은 생각에서 벗어나지 못하고 있다. 그 끝에 장기적으로 진정한 공직 정신의 죽음이 기다리고 있다는 것은 꿈에도 생각하지 못할 것이다. 그저 "약간의 부작용은 있겠지. 그러나 부작용보다는 작용과 효과가 더 클 거야. 좋은 평가를 잘 받으려고 안간힘을 쓰는 저 모습을 보라고" 하고 중얼거리고 있을 것이다. 성과급과 연임, 승진—이런 미끼로 공직자들을 움직이고 통제할 수 있다고 생각하는 것은 공직자들을 단지 시종이나 노예로 생각하는 전제 하에서만 가능한 짓이다.

평가제도의 필요성이 있다 하더라도 그것은 공직자들에게 사명감을 안겨주고 나라와 국민을 위해 명예로운 임무에 나서게 하는 더 근본적인 노력의 이면에서 이차적이고 보조적인 수단으로만 삼아야 할 것이다. 현 단계 평가제도는 과연 그것이 있는 것이 좋은지 차라리 없는 것이 좋은지 판단하기 어려울 정도다. 공직자들을 평가의 노예로 만들지 않고 그것을 지팡이 삼아 나아갈 수 있는 한 단계 위의 주체로 양성하려면 그 제도를 운영하는 사람의 한층 성숙되고 차원 높은 고민이 선제될 필요가 있다고 생각한다.

"갑"은 "을"을 모른다

공직자는 국가 공권력을 분담하여 행사하는 지위에 있는 사람이다. 그러다 보니 원하든 원하지 않든 권력 행사자가 된다. 그리고 그 권력의 행사 대상이 되는 사람은 별수 없이 일반 시민, 국민이 된다. 공권력을 행사하는 공직자는 강자의 입장에 서 있고 그 행사의 대상이 되는 사람은 약자의 입장에 서 있다. 국가권력 관계에서 이런 관계는 어쩔 수 없는 관계다. 모든 권력은 국민으로부터 나온다는 헌법 조항은 이론적, 이념적인 것일 뿐 그것은 오히려 이런 좁은 구도에서의 권력관계, 강자와 약자의 관계를 역설적으로 입증하는 것이라 해도 과언이 아닐 것이다.

어쨌든 공직자는 권력관계에서 대체로 "갑"의 위치에 서 있다. 반대로 일반 시민, 국민, 하부 기관 등은 "을"의 위치에 서게 된다. 갑은 을을 모른다. 조금 과장하여 말하자면 죽었다 깨도 모른다. 갑은 칼

자루를 잡고 있지만 을은 칼날을 잡고 있기 때문이다. 물론 전혀 모르기야 하겠는가? 그러나 전혀 모른다고 해도 과언이 아닐 정도로 잘 알지 못하는 것이 권력관계에서 갑과 을의 관계다. 알더라도 감이 다르다. 조그마한 감의 차이가 천양지차를 만든다. 공직자는 이 차이를 두렵게 생각해야 한다. 연못에 돌을 던지는 아이는 갑이다. 그러나 맞아죽는 개구리는 을이다. 때로 갑과 을은 그만한 차이가 있을 수도 있다는 것을 깨달을 필요가 있다.

조선조의 소위 삼정三政—전정 · 군정 · 환곡—의 문란은 권력관계에서 갑과 을이 얼마나 괴리되기 쉬운지를 단적으로 보여주는 것이었다. 삼정의 문란으로 고통받는 백성들의 양상은 처참하기 짝이 없었다. 그러나 굳이 토색질을 일삼던 지방 관리들의 입장은 둘째 치더라도 이 문제를 근본적으로 책임져야 할 조정의 입장에서 그것을 개선하지 못하고 있는 사정은 상대적으로 어려움이라고 할 수도 없을 정도로 사소한 것에 지나지 않았다. 백성들의 고통에 입각하여 그 문제를 다룰 수 있었더라면 조정의 입장에서 직면해야 했던 어려움 정도는 가볍게 넘어서야 했고 또 넘어설 수 있었던 것들이었다. 그러나 갑은 을을 알지 못했다. 갑은 갑 자신의 어려움만 어려움이었지 을의 어려움은 산 너머의 우렛소리였을 뿐이다. 지금은 그런 시대가 아니니 그런 일도 절대 없을 것이라고 말할지도 모른다. 그러나 과연 그럴까?

일반 시민의 입장으로 돌아와 한 시민이 행사하고자 하는 권리가 부당하게 제도와 행정에 의해 제한당해본 적이 있는가? 이행하여야 하는 의무가 객관적 타당성을 잃고 한 사람의 의무 이행자에게 무참한 고통을 주는 경우에 처해보았는가? 그런 입장에서 진정 비명을 질러보았는가? 그 비명에 진지하게 귀를 기울여보았는가? 그런 경험 속에서 공직이 무엇이고 공직자가 누구인가를 느껴보지 못했다면 갑은 을을 모른다는 말도 이해하지 못할 것이다. 죽었다 깨도 모를 것이다.

기업가 출신의 권력자는 기업의 고통을 잘 알 것이다. 재산이 많은 권력자는 재산이 많은 자들의 고통을 잘 알 것이다. 그래서 그들의 고통을 풀어준다. 세상이 이런 것이다. 비정규직의 고통, 시간제 근로자의 고통, 실업자의 고통, 그런 고통은 영 모르지는 않겠지만 역시 산 너머 우렛소리일 뿐이다. 그래서 왈가왈부, 우왕좌왕은 할지라도 그 고통을 풀어주지는 못한다. 재래시장 바닥을 찾아가 상인들의 손을 잡아주고 등을 두드려주고 사진이나 찍으려는 자들의 거짓된 행동은 이제 그런 구조의 전형적 모습처럼 되었다. 세상이 그런 것이다.

공직자는 공직자 자신들과 관련된 문제를 해결하는 데에는 매우 능란하다. 동시에 그들 자신들의 기득권은 절대 놓치지 않으려 한다. 공무원연금의 수준을 국민연금의 수준으로 맞추어야 한다고 주장한 공직자가 한 명이라도 있었는가? 그 차등을 유지해야 한다는 데에는 아마 만 가지도 넘는 이유를 줄기차게 늘어놓을 것이다. 그러나 사실상 어떠한 노후대책도 없이 늙어가야 할 소위 국민연금 납부유예자에 대해서는 얼마만한 의지를 가지고 있을까? 지난날 주택정책을 수립하는 자리에 철저히 무주택자인 공직자만으로 팀을 구성했다는 전설 아닌 전설은 두고두고 귀감으로 삼을 필요가 있을 것이다.

공권력과 제도는 국민이 국가 구성원으로 행복하게 살아가는 데에 길이 되고 문이 되어야 한다. 그러나 그 몫의 역할을 게을리하면 한순간에 벽이 된다. 게으름을 부리고 이 핑계 저 핑계를 대면서도 동시에 길이 되고 문이 될 수는 없다. 나태와 안일이 체질화되고 나면 그때부터 그것은 심각한 악이다.

나라 모든 제도와 행정을 둘러싸고 지금 이 순간도 민원이라는 것이 발생하고 있다. 한동안은 이런 민원에 국가적으로 신경을 쓰고 귀를 기울였다. 그러나 언젠가부터 귀를 기울이지 않고 행정이 교만한 자세를 취하기 시작했다. 이것은 매우 무서운 결과를 가져온다. 행정이 마치 "사정 다 안다" "국민들 선에서는 으레 그러는 것이다" "그런 거 다 받아주다가는 나랏일 못한다" "떼법으로 해결하려 해서는 안 된다" 등등 온갖 변명과 치레를 늘어놓기 시작한 지가 오래되었다. 모든 공직자는 을의 입장에 서보아야 한다. 그리고 을의 입장에서 때로는 무참한 고통을 함께 체험할 수 있는 순수성을 지녀야 한다. 그렇지 않다면 왜 공직자인가?

통계의 진실과 거짓

통계는 정치나 행정에서 빠질 수 없이 중요한 요소다. 그것은 주의 주장을 뒷받침하는 매우 강력한 증거이기 때문이다. 구체적인 수치가 제시될 때 논리는 힘을 얻고 설득력을 갖는다. 그래서 요즈음은 웬만한 토론석상이나 세미나장에 가면 통계와 통계가 서로 맞부딪히는 사례를 자주 볼 수 있다. 그만큼 통계는 무엇이 진실인가 하는 문제에 있어서 떼려야 뗄 수 없는 변수로 등장하였다.

그러나 돌이켜보면 통계는 그 중요성이 증대한 만큼 그 위험성 또한 증대해왔다. 오늘날 한국 사회를 사는 사람들은 누구나 이 말에 공감할 수 있을 것이다.

통계는 마술이 될 수도 있고 사기극이 될 수도 있다. 이미 정부 차원에서도 그 해의 물가상승률을 낮추기 위해 또 경제성장률을 높이기 위해 어떤 방법을 쓰는지는 공공연한 비밀이 되어 있다. 구태여 숨기지도 않고 그때그때마다 타당하다는 변명을 늘어놓고 있지만 이는 결국 통계가 대단히 위험한 마술이라는 점을 드러낼 뿐이다.

제3공화국 당시에는 수출실적이 워낙 중요할 때라 연말이면 각 항구에 쌓아놓은 선적 준비물량까지 모조리 수출실적으로 계상하던 것이 유명했다. 말하자면 통계 산출의 기준에 관한 거짓이었던 셈이다. 정부 차원에서 다루어지는 통계는 그래도 아주 노골적이지는 않다. 정부기관보다 책임감이 떨어지는 정당이나 사회단체들 사이에서 정치적으로 민감한 사안을 둘러싸고 통계 싸움이 벌어질 경우에는 아주 파렴치한 기망이 등장하기도 한다. 그래서 일찍이 벤자민 디즈레일리는 이렇게까지 말하기도 하였다.

"세 가지 거짓말이 있다. 첫째는 거짓말이고 둘째는 가증스런 거짓말damned lies, 그리고 셋째는 통계다."

내가 모든 공직자들에게 요구하고 싶은 것은 통계의 운용에서 공직자들이 진실을 수호하려는 남다른 의지를 가지지 않으면 안 된다는 것이다. 국민 앞에 솔직히 행동한다는 것, 거짓 없이 있는 그대로의 현실을 드러내 보인다는 데에 강한 의무감이 없으면 통계는 너무나도 위험한 수단이다.

단지 주관적 입장에서 논점을 조금 더 강조하기 위해, 주장을 조금 더 강하게 뒷받침하기 위해 일부 변수를 외면하거나 일부 조건을 과장하는 방법 등으로 통계를 왜곡시키는 것을 많은 공직자들은 대수롭지 않게 행하고 있다. 이것은 모든 국가행위가 국민의 신뢰에 바탕을 두어야 한다는 사실을 상기할 때 참으로 우려스러운 일이 아닐 수 없다.

좁은 목적 의식에 기하여 또는 나라를 위한다는 근시안적 이유로 소소한 조건들에 진실하지 못하고 태연히 범해지는 이 통계의 비리는 오늘날 대부분의 공직자들에게 사무적 일상이 되어 있다. 변명의 여지없이 그것은 곧 거짓의 일상화를 말한다.

통계에서 진실이 얼마나 무섭고 엄숙한 요구인가를 깨닫는 것은 위대한 국가로 성숙해나가는 데에 무엇보다 긴요한 행동규준이라 생각한다. 일인당 국민소득이 얼마나 되든 그 나라가 생산 유통하는 통계를 국민들이 신뢰하지 않고 의심스럽게 바라본다면 그 나라는 아직도 훌륭한 국가라고 말할 수 없다. 우리나라는 아쉽게도 아직 그런 기초적 신뢰를 갖추지 못한 단계에 있다는 것이 나의 판단이다.

그러므로 당신이 보고를 받는 고위 공직자라면 보고서에 등장하는 중요한 통계에 대해서는 온갖 지식을 동원하여서라도 그 조건을 최대한 확인할 필요가 있다. 그 통계가 공정한 것인지, 객관성이 있는 것인지, 일의 목적에 맹목적으로 사로잡혀 안일하게 작성되고 제시된 것이 아닌지, 어떤 변수가 무시되어 있지는 않은지, 어디에 부주의나 무의식적 왜곡이 개입해 있지 않은지 확인해보라. 그러면 아마도 통계와 관련한 오늘날의 황무한 토양을 목격할 수 있을 것이다. 그리고 문제가 눈에 띈다면 엄격히 그것을 바로잡아야 한다.

통계에 진실을 확보하기 위해서는 그에 걸맞은 도덕성과 용기가 필요하다. 가장 은밀한 곳, 누구도 구태여 나서서 책임을 추궁할 우려가 없는 곳에서 단지 자신의 외로운 의지만으로 추구되는 진실이야말로 미래의 사회를 밝히는 진정한 힘이다. 통계 앞에서 진실해질 수 있다면 당신은 그 어떤 것 앞에서도 진실해질 수 있을 것이다.

소통은 그 자체가 목적은 아니다

소통이 정치적 사회적으로 중요한 이슈가 된 것은 이명박 정부가 들어서고 나서일 것이다. 그 이전에는 소통이라는 말은 별로 쓰이지 않았다. 이명박 정부가 들어서고 나서 권력의 관심사와 국민의 관심사가 크게 괴리되면서 비로소 소통이라는 말이 중요한 화두가 되었던 것이다.

그러나 정치권력이고 공조직이고를 막론하고 모두 소통, 소통 하였지만 그로 인하여 소통의 문제가 개선이 되었느냐 하면 전혀 그렇지 않았다. 왜 그렇게 되었을까? 소통이 중요한 것은 그 자체가 중요한 것이 아니라 근본적으로 소통의 대상, 즉 무엇을 가지고 서로 소통할 것인가가 중요하다는 것을 전혀 인식하지 못하였기 때문이다. 소통할 대상 자체에 불소통의 요인이 있음에도 불구하고 그것을 인식하지 못한 채 공연히 소통 자체만을 강조하였던 것이다. 결국 왜 소통이 되지 않았는지를 전혀 모르고 있었다는 말이니 따지고 보면 이만저만 한심한 일이 아니다.

국민들이 납득하고 공감할 수 없는 주제를 현안으로 내걸어놓고 아무리 그것을 둘러싸고 소통을 강조한들 과연 소통이 이루어지겠는가? 부상해 있는 사안 자체가 원활하게 흘러갈 성질의 것이 아닌, 끈적끈적한 점액질의 것인데 어떻게 그것을 가지고 원활한 흐름을 만들겠는가? 이를테면 경부운하사업이나 4대강사업 같은 것은 기업들이야 눈을 반짝일 사업이지만 국민들에게는 강 건너 불구경에 불과했던 것이다. 그런 쟁점을 놓고 오천만 국민의 마음을 하나로 꿰뚫는 흐름과 시원한 소통을 만들어내겠다는 어리석은 생각이 있어 세상에는 연목구어緣木求魚라는 말이 생겼을 것이다. 그래서 현명한 지도자는 애초부터 흐를 만한 것만을 흘려서 흐름을 얻고 어리석은 지도자는 흘러가지 않을 것을 억지로 흘리려 안간힘을 씀으로써 자업자득의 체증을 유발하는 것이다.

이 간단한 원리도 모르려면 모를 수 있다는 것이 실로 두렵지 않은가? 전국 방방곡곡에서 온 나라가 시끄럽도록 소통이 외쳐졌던 것은 무지한 정권과 아무 생각 없이 그것을 뒷받침하던 공직의 다시 있기 어려운 한바탕 해프닝이었다. 그런 면에서 소통은 모든 공직자들이 겸손하게 세상의 원리를 통찰하기 위해서라도 노력해야 할 또 하나의 이유이기도 하다.

"규정상 어쩔 수 없습니다"

"되는 것도 없고 안 되는 것도 없다"는 자조적인 말을 너나없이 하던 시대가 있었다. 이 말이 우리 사회에서 거의 사라졌다는 사실만 해도 솔직히 감개무량한 일이 아닐 수 없다. 오늘날은 그 말의 의미조차 모르는 젊은이들이 많다. 이 말은 이제는 러시아나 중국 같은 아직 개발도상에 있는 나라들에서 심심찮게 들리고 있다. 그들의 부패하고 후진적인 행정을 조롱하여 이야기할 때 자주 등장하는 것이다.

각종 인허가 업무 등을 둘러싸고 무엇 하나 제대로 되는 것 없이 감감 무소식일 때 사람들은 "되는 것이 없다"고 한탄을 한다. 그러다가 뒤늦게 누군가의 귀띔을 받고 브로커를 끌어들이거나 뇌물을 쓰면 도무지 되지 않을 것 같던 일이 거짓말처럼 되니 그때는 "안 되는 것이 없다"는 경탄(?)이 나오는 것이다. 이런 전형적인 후진국적 양상을 지금 우리나라에서는 거의 찾아보기 어렵게 된 것이다. 소위 일선 민원현장에서 급행료를 없애기 위하여 벌였던 1960년대 말엽의 치열한 노력은 분명 성과를 거두었다. 수많은 민원사무들에 대해서도 사안별로 처리기한을 정하여 집중적인 관리를 했던 것을 우리는 아직도 잘 기억하고 있다.

그러나 되는 것도 없고 안 되는 것도 없는 단계를 지난 것은 사실이지만 공공행정의 발전을 전체적으로 조망할 때 나는 우리나라의 행정은 여전히 미흡한 단계에 머물러 있다고 생각한다. 전체 이정은 아직도 멀었다. 외형이 많이 잡혔음에도 불구하고 수많은 현장 행정은 아직도 국민의 정서로부터 크게 떨어져 있고 공공행정에서는 국민에 대한 배려와 깊은 이해를 찾아보기가 어렵다. 지난날 저 무식하던 행정의 모습을 "되는 것도 없어 안 되는 것도 없다"는 말이 담아내었듯 나는 현 단계 우리나라 행정의 모습을 가장 잘 담아내고 있는 말이 바로 다음과 같은 말이 아닐까 생각한다.

"규정상 어쩔 수 없습니다."

이 말은 지금도 온갖 행정 일선에서 끊임없이 반복되고 있는 우리 행정의 얼굴이다. 구태여 후진적이라고 하기는 어렵지만 그러면서도 선진성으로 가는 길목에 거대하게 등을 돌리고 앉아 있는 것이 바로 "규정상 어쩔 수 없다"인 것이다. "내 할 일은 거기까지다. 나는 할 일을 다 했다. 그런데 뭐가 문제란 말인가?" 하고 현장 행정은 국민들을 향해 두 손바닥을 펴보이고 있는 것이다.

가끔 공직에 처음 몸담는 공직 초년병의 경우 "그것은 법으로 그렇게 정해져 있으니 어쩔 수 없다. 따지려면 법을 만든 국회에 가서 따져라" 또는 "부령에 그렇게 정해져 있으니 계속 문제 삼으려면 장관한테 가서 알아봐라" 하는 해프닝이 현장에서 발생하기도 한다. 물론 공직 초년병의 잘못된 인식과 자세에서 비롯되는 것이기는 하지만 이것은 해프닝에 그치는 것이 아니라 놀랍게도 공직사회 전반의 포괄적 인식을 보여주는 한 단면이기도 하다. "규정상 어쩔 수 없다"와 "장관한테 알아봐라"가 본질적으로는 큰 차이가 없기 때문이다.

행정 일선에서 지금도 간단없이 발생하고 있는 여러 가지 불합리점, 제도적 모순은 단지 그것이 모세혈관 쪽에서 일어나고 있다는 그 이유만으로 무감각하게 외면되고 있다. 팔짱을 끼고 있는 높은 곳의 안일에 부딪혀 현장의 소란은 지금 이 순간에도 무엇 하나 바꾸어내지 못하고 소모적으로 지속되고 있는 것이다. 마치 모세혈관의 피가 심장까지 돌지 않는 것처럼 키를 쥐고 있는 '위쪽'은 꿈쩍도 않고 그 정도 사소한 일이야 늘 일어나게 마련이라는 투로 배짱 아닌 배짱을 부리고 있는 것이다.

그러나 "어쩔 수 없다"고 손바닥을 펴보이는 일선 공직자의 저 "나더러 어쩌라는 말이냐"는 투의 표정은 그대로 현 단계 행정의 표정이고 장관의 표정이고 대통령의 표정이다. 그들 간에 있는 안일과 무책임의 정도는 단언컨데 동일하다. 제도와 행정에서 국민이 감동을 느끼고 국민에 대한 제도의 배려를 느낄 때까지 우리가 가야 할 길은 멀다. 넘어야 할 벽이 있다는 것을 분명히 느끼고 그것을 우리의 새로운 프런티어로 자각하는 것이 이 먼 길을 가는 우리의 진지한 시발점이 되어야 할 것이다.

국민은 고객인가?

정치든 행정이든 그 대상은 국민이고 국민에 봉사하는 것을 사명으로 한다. 위민爲民의 기본 자세가 되어 있지 않다면 정치도 행정도 설 자리가 없을 것이다. 그럼에도 불구하고 지난날 우리나라는 관치의 전통이 강해 벼슬아치들이 국민 위에 군림하고 착취하던 세월이 길었다. 민주주의가 도입되고 많은 것들이 개선되었지만 그 일부 잔영은 아직도 남아 개선의 여지를 남기고 있는 것이 사실이다.

그 과정에서 언젠가부터 정부를 비롯한 공공기관들이 기업의 혁신노력을 배워야 한다는 이야기가 터져나왔고 그것이 한때 붐을 이룬 적도 있었다. 그것은 단지 국민에 대한 봉사정신만을 배우라는 것은 아닌, 여러 가지 포괄적 목적을 지닌 것이었지만 이 글에서는 대민 자세 문제만을 두고 이야기를 해보고자 한다.

기업에서 고객, 더 구체적으로는 소비자를 겨냥한 친절 노력은 한

때 일본과 미국을 중심으로 맹렬하게 진행되었다. 정부를 비롯한 공공기관도 이 열풍에 휘말려 CS(Customer Satisfaction), 즉 고객만족이라는 것이 공사를 가리지 않고 모든 조직의 기본 분야가 되었다. 인사법, 말투, 손짓, 몸짓 등에 걸쳐 때로는 백화점 점원들에게서 볼 수 있는 거의 로봇처럼 기계화된 친절 거동이 공공기관에까지 침투되었다.

공공기관 중 일부는 국민에 대한 호칭마저 "고객님"으로 하고 있다. 이것이 과연 바람직한 것인가 하는 것은 공공기관 내부에서도 많은 논란을 빚었다. 그러나 뚜렷한 결론은 없었다. 아직도 관치행정의 잔영이 남아 있다는 입장에서는 다소 무리하더라도 이런 기업의 사례를 배워야 한다는 말도 일리가 없지는 않을 것이다. 그러면서도 무언가 걸맞지 않고 오버하는 것 같은 느낌은 대부분의 공공기관에서 느끼고 있는 것 같다. 일률적으로 결론을 내기는 어려울 테지만 한 가지만은 알아둘 필요가 있을 것이다.

기업이 그들의 상품을 찾아오는 소비자들을 손님 내지 고객님이라고 부르고 심지어는 그들에 대하여 "소비자는 왕이다" 하는 말에 단적으로 드러나듯 최고의 서비스를 베푸는 것은 그들이 소비자, 즉 돈을 들고 오는 사람들이라는 사실 때문이다. 만약 그들이 돈을 들고 오는 사람들이 아니었다면 결코 그런 대접을 받지 못했을 것이다. 만약 그들이 돈을 들고 오지 않거나 돈을 모으는 데에 장애가 된다면 그들은 가차 없이 쫓겨나고 마는 것이다. 모 호텔 레스토랑에서 식사하는 외국인들에게 거추장스러운 존재가 된다고 해서 한복 입은 고객들의 출입을 통제하려 했던 것은 대표적인 예일 것이다. 돈이 되면 왕이고 돈이 안 되거나 방해가 되면 돌멩이만도 못한 존재가 된다는 냉혹한 관점이 "고객님"과 상냥한 웃음, 깍듯한 배꼽인사에 내재해 있다.

일부 영업행위를 하는 공공기관이 있기는 하지만 공공기관은 돈을 버는 기업이 아니다. 국민은 정부에 돈을 벌게 해주는 사람들이 아니다. 국민은 다만 주권자인 것이다. 정부를 비롯한 공공기관은 주권자들의 위임을 받아 정해진 공공의 임무를 수행하는 공복公僕, 즉 Public Servant인 것이다.

우리나라 공직사회는 아직도 공공기관과 국민 간의 바람직한 관계를 구체적인 상황 속에서 구축하지 못하고 있는 것 같다. 말하자면 한쪽에는 관 주도의 뻣뻣한 행정이 여전히 남아 있는가 하면 다른 한쪽에는 기업의 낯설고 돈이 매개로 되어 있는 고객관이 불편하게 동거하고 있는 상태다. 어쨌든 국민을 모조리 고객으로 만드는 것이 공공기관의 목표가 될 수는 없다는 사실을 이제는 인식할 때가 되었다. 더 일상에 가깝게 다가온 민주주의가 정착될 때 공공기관과 국민과의 관계는 무언가 지금과는 다른 모습으로 자신의 정체성을 드러낼 것이다.

언론에 연연하지 마라

어떤 조직이든 그 조직에 대한 대외적 인식을 좋게 하기 위하여 또는
사업의 성과를 알리기 위하여 언론 홍보에 주력하는 모습을 본다. 언
론 홍보가 필요한 노력이고 사업의 자연스런 연장선에 있다는 것은
말할 나위가 없을 것이다. 이를테면 결정된 정책을 국민에게 알리는
일이나 불필요한 오해를 불식시키는 일은 조직의 당연한 활동이다.

　문제는 언론 홍보가 조직 자체나 조직이 하는 일에 대한 외부의 인
식을 긍정적으로 또는 부정적으로 만드는 '결정적 요인'이라고 맹신
하는 것이다. 여기에서부터 언론 홍보에 대한 잘못된 인식이 시작된
다. 상식적으로 볼 때 외부의 인식은 내부의 사실fact에서 비롯된다.
다시 말해서 불을 때는 아궁이가 있고 그 결과로 연기가 나오는 굴
뚝이 있는 것이다. 그런데 아궁이 쪽에는 별로 관심이 없고 굴뚝에만
온통 관심이 가 있다면 이것은 분명히 본말이 도착된 것이다. '어떻

게 보이고 있는가'에 대한 관심이 사실에 대한 관심을 능가하게 되는 상황은 허울이 내용을 쫓아내고 그림자가 실질을 대체하는 상황이다. 그렇게 되어서는 진실이 자리 잡을 여지가 없어지는 것이다.

사실과 인식은 늘 일치하는 않는다. 더러는 소통의 미흡에 의한 오해도 있고 여러 가지 사정에 의해 빚어진 왜곡도 있다. 그러나 넓고 원대한 차원에서 보면 그러한 오해나 왜곡은 역시 제한되어 있고 결국 '사실의 본질적 우위'에 입각하여 언젠가는 재조정되는 것이 인간과 세상의 이치다. 따라서 공직자라면 비쳐진 인식에 민감해지기보다는 있는 사실fact에 충실해야 하며 오직 그것만이 장기적으로 볼 때 좋은 인식도 만들어낸다는 믿음을 가지고 있어야 한다. 특히 조직의 수장이 그에 대한 입장을 확고히 가지고 있을 때 조직은 의연하고 격조 높은 조직이 될 수 있다.

반대로 조직 수장이 실질적인 문제는 제쳐놓고 외부에 어떻게 비쳐지고 있느냐 하는 외견의 문제에 매달려 일희일비하는 소졸한 모습을 보인다면 조직구성원들은 낙담하게 되고 결국 진실과 실질의 문제에 대해 관심을 거두지 않을 수 없게 된다. 대표적인 예로 부임한 지 일년만 되면 수장은 그동안 이러이러한 일들을 했노라고 있는 것 없는 것을 다 끌어모아 자랑을 한다. 그렇게 해서 사회 제도가 크게 발전하고 국민생활이 현저히 향상되었노라고 업적을 과시하는 것은 흔히 볼 수 있는 행태들이다. 본질을 생각해보면 그런 행태들은 지난날 황폐한 농촌의 구석구석을 차지하고 있던 저 무수한 공덕비들과 다를 바 없는 것들이다.

주변의 평가에 일희일비하지 않고 공직의 본분에 충실한다는 것은 그만큼 고귀한 일이다. 이런 본말의 도착을 직시하고 공자도 일찍이 다음과 같이 말했던 것을 상기할 필요가 있다.

> 나는 보임새 좋아하듯 덕을 좋아하는 자를 보지 못하였다.
> (『논어』 위영공/13)
>
> 吾未見好德如好色者也.

여기서 덕이란 무엇인가? 진실과 실질에 충실하기 위해 남의 눈을 의식하지 않고 묵묵히 노력하는 사람이 가지는 됨됨이의 힘을 말하는 것이다.

이것은 크고 작은 조직의 문제를 넘어 국가적 차원에서도 마찬가지다. 언론에 대한 정권의 지나친 민감성은 보수, 진보를 막론하고 모든 정권에서 표출되어왔다. 구체적으로 언론을 장악하기 위한 시도도 집요하게 추구되었고 마음대로 움직여주지 않는 언론에 대한 반감과 공격도 다양하고 거칠게 표현되기도 했다. 그러면서도 궁극적으로는 언론이 사실에 종속적일 수밖에 없다는 사실을 토대로 깊은 신념을 가지고 인내심 있게 대처한 정권은 찾아보기 어려웠다. 그만큼 이 문제는 크고 높은 안목을 필요로 하는 것이다. 그것을 보여주지 못했던 이 나라 정치권력의 담당자들을 비롯한 모든 공직자들은 자산子産으로부터 한 수를 배울 필요가 있다. 춘추시대 정鄭나라의 전설적 대부였던 자산은 이런 똑같은 문제에 임하여 다음과 같은 일화를 남기고 있다.

정나라 사람들이 향교에 모여 집정관인 자산子産에 대해 비판을 하자 연명然明이 자산에게 말했다.

"향교를 없애버리면 어떻겠습니까?"

자산이 말했다.

"저 사람들은 조석으로 향교에 모여 놀며 집정관의 잘잘못을 비판하는 것일 뿐입니다. 그 중 잘한다 하는 것은 내가 행하고 잘못한다 하는 것은 내가 고치면 되니 비판은 나의 스승입니다. 그러니 어찌 향교를 없앨 것입니까? 나는 충성과 선을 행하여 원망을 줄이라는 말은 들었으나 위세를 이용하여 원망을 봉쇄하라는 말은 듣지 못했습니다. 구태여 막으려 들면 어찌 막지야 못하겠습니까? 그러나 그것은 냇물을 막아버리는 것과 같아서 무리한 시도가 잘못되는 날에는 많은 사람들이 희생될 것이니 종내에는 나도 손을 쓸 수가 없게 될 것입니다. 차라리 조금씩 흘러가게 내버려두는 것이 낫고 내가 그 비판을 들어 약으로 삼는 것이 나을 것입니다."(『춘추좌씨전』 양공 31년)

노정객 자산이 죽었을 때 멀리 노나라에서 젊은 공자가 눈물을 흘리며 애도를 표했던 것은 결코 지나친 반응이 아니었을 것이다. 이 땅에도 언론이 어떤 시각에서 바라보든 자산처럼 담담히 이를 대하면서 오직 스스로의 행보에만 진실을 다하는 공직자, 기관장, 장관, 대통령이 나올 수 있기를 간절히 소망해본다.

연설문은 직접 준비하라

어느 정도 지위를 가지고 있는 공직자는 공식석상에서 다수의 사람들에게 연설을 할 일이 생긴다. 그때 해당 공직자는 그 연설문을 대개 부하 직원에게 준비하게 한다. 현재 우리나라는 그것이 관행처럼 되어 있고 연설을 하는 사람도 준비하는 사람도 그것을 당연하게 여긴다. 그러나 그것이 과연 당연할까? 나는 결코 당연하지 않다고 생각한다. 자신이 해야 할 연설을 부하 직원에게 준비시키는 것은 생각하기에 따라서는 거짓이나 위선이 될 수도 있다. 그것을 당연하게 여기고 있다는 사실 자체가 오히려 우리 공직사회가 얼마나 양심에서 멀어져 있는지, 겉치레에 빠져 있는지를 보여주는 척도일지도 모른다.

나는 모든 고위 공직자는 조직 내·외부의 사람들 앞에서 연설할 일이 생기면 그것을 스스로 준비해야 한다고 생각한다. 그러기 위해서는 그것을 스스로 준비할 능력이 있어야 한다. 만약 스스로 준비할 수 없다면 그 직위를 맡을 능력이 없는 사람이라고 보아도 좋다. 그런 공직자라면 그 자리를 떠나는 것이 마땅하다. 그가 아니라도 그런 기회에 소신껏 말할 능력이 있는 사람은 얼마든지 있고 그런 사람이 그런 자리에 앉는 것이 바람직하기 때문이다.

공연히 연설을 거론하는 것이 아니다. 공직자가 자신의 됨됨이며 능력을 숨기는 것은 어렵지 않다. 고위 공직자는 일반 국민들이 볼 때 그가 실제 어떤 사람인지 그가 어떤 일을 어떻게 생각하고 고민하고 있는지 알 길이 없다. 거의 유일하게 그의 생각이나 안목이 노출되는 기회가 취임사, 기념사, 축사, 격려사, 신년사, 조회, 기타 대중 연설 등의 기회인 것이다. 이런 기회가 어쩌면 오늘날과 같은 민주주의의 시대에 가장 걸맞은 민주적 현장일지도 모른다. 공직자가 내·외부의 사람들과 동시성과 현장성을 가지고 만나는 기회가 그런 기회 말고 또 있겠는가?

생각하면 얼마나 좋은 기회인가? 연설자의 됨됨이는 그 연설에 가감 없이 담기게 되고 그것은 그 연설을 듣는 사람들에게 꼼짝 없이 노출될 것이다. 그렇기 때문에 연설하는 사람은 연설에서 자신의 됨됨이를 속일 수가 없게 된다. 고위 공직자가 일부러 시간을 내어 많은 사람들 앞에 설 정도라면 자신의 의지와 감정이 실린 그 정도의 연설은 해야 하는 것이 당연하지 않은가? 누군가의 조언이나 검토 등 도움은 가능하겠지만 도움을 넘어 전체 연설문을 누군가가 대신 써 준다는 것은 고스란히 거짓이 되고 위선이 된다. 어떻게 그것을 있을 수 있는 관행이고 불가피한 의전이라고만 생각하는가?

만약 우리 공직사회가 자신의 연설은 철저히 자신이 준비하는 것을 철칙으로 지키게 된다면 어떤 일이 벌어질까? 매우 흥미로운 현상이 발생할 것이다. 무엇보다 모든 고위 공직자들은 자신의 실제 모습과 역량을 더 이상 숨기지 못할 것이다. 그리고 그것이 보편적 원칙으로 받아들여지고 나면 터무니없는 역량을 가지고 높은 자리만 탐하는 일부 공직자들의 가당치 않은 출세욕은 다소 진정되지 않을까? 당사자만 그런 것이 아니라 그런 역량 미달의 인물을 무책임하게 임명하는 인사권자에게도 적잖은 부담을 안겨줄 것이다. 그리고 그보다 민주주의가 보다 구체적으로 정착되는 계기가 될 것이다.

혹자는 연설과 공직자로서의 진정한 능력은 다른 것이라고 말할지도 모른다. 그렇다. 연설만 멋지게 하는 사람이라고 해서 다 공직자로서의 필요한 능력을 갖추고 있다고 말할 수는 없다. 그러나 공직자로서의 필요한 능력을 갖춘 사람은 그가 가지고 있는 생각을 비록 유창한 달변은 아닐지라도 청중들로 하여금 경청하고 수긍하게 할 만한 언변은 가지고 있고 또 그래야 한다고 본다. 최소한 더듬거리고 표현을 찾지 못해 헤매더라도 그 사이사이에 말하는 사람의 진의와 취지는 전달되지 않을 수 없는 것이 인간과 세상의 이치이기 때문이다.

연설과 관련한 지금까지의 대필 관행은 공직사회의 외화내빈을 촉진하는 부작용 외에 한 것이 없다. 연설의 안정성이나 객관성 등을 내세우는 사람이 있겠지만 그것은 구차한 변명에 지나지 않는다. 자신의 감정과 의지가 담긴 연설이 아니라 실무자가 타성에 따라 작성한, 물에 물 탄 연설이 나라 발전에 공헌했다는 얘기는 차마 하지 못할 것이다. 저 사람이 무슨 말을 하나 하고 눈을 반짝이며 듣고 있는 청중들을 상대로 실무자가 작성해준 연설문을 태연하게 읽을 수 있는 공직자라면 그에게서 무엇을 더 기대할 것인가?

일부 고위 공직자들이 자신의 학위 논문을 부하 직원들에게 대필시키는 것에서 아무런 죄의식을 느끼지 못하는 관행도 결국은 오십보백보의 문제다. 심지어 인사청문회만 열리면 단골 메뉴로 등장하는 남의 논문 베끼기 따위의 비양심도 남이 써준 연설문을 천연덕스럽게 낭독하면서 아무런 부끄러움을 느끼지 못하는 잘못된 공직 관행과 결코 멀지 않을 것이다.

나는 이 나라 공직이 좀 더 진실해지기 위해서는 현재 아무도 문제 삼지 않고 있는 이 연설문 대필 행위가 좀 더 문제시되었으면 좋겠다. 이 문제가 방치되어 있는 사이에 공직 일각에서는 누군가가 써주는 것을 낭독하는 것이야말로 고위 공직자의 위상과 권위에 걸맞은 것이고 그것을 스스로 준비하겠다고 볼펜을 들고 글을 썼다 지웠다 하는 것은 권위 없는 자의 꾀죄죄한 행동이라고 여기는 어처구니없는 가치관의 전도마저 발생하고 있다. 이래서는 안 된다. 최소한 그것이 부끄러운 행위라는 인식만이라도 자리 잡는 풍토가 되어야 한다는 것이 나의 주장이다. 아직은 한 개인의 지나친 이상주의라고 생각할지 모르겠지만 나는 연설문 대필행위가 학위논문 표절 행위처럼 부끄러운 행위로 여겨져 저 인사청문회의 구설수에는 오를 수 있는 날이 쉬 오기를 기다리고 있다.

국민은 말이 없다

무엇을 할 것인가? 조그마한 단위행정의 담당자에서 장관이나 대통령에 이르기까지 공직을 맡은 사람이라면 누구나 직면하게 되는 물음이다. 또 공직의 시발점에서 종점에 이르기까지 변함없이 대두되는 문제이기도 하다. 그런데 간단한 것 같지만 간단하지 않고 쉬운 것 같지만 쉽지 않은 것이 바로 이 문제다. 또 누구든지 공직을 처음 부여받으면 한번쯤 진지하게 생각하지만 세월이 지나면 무감각해지기 쉬운 문제이기도 하다.

무엇을 할 것인가? 무엇을 해야 할지 막연한 상태라면 나는 행정의 대상이 국민이라는 사실을 상기해보라고 말해주고 싶다. 그것은 곧 국민이 해당 행정에 대해 바라고 있는 것이야말로 해당 행정이 해야 할 일이라는 것이다. 당신이 무엇을 할 것인가를 고민한다면 국민이 당신에게 무엇을 바라고 있는지를 생각해보고 그런 차원에서 국민의 소망을 추적해보면 된다. 외형상의 방법은 이처럼 간단하다.

그러나 행정의 현장으로 돌아가보면 그것은 결코 간단하지가 않다. 국민이 무엇을 바라고 있는지를 아는 것 자체가 쉬운 일이 아니기 때문이다. 국민들은 이것을 바란다고 내놓고 이야기하지 않는다. 국민들이 공직자가 해야 할 일을 말끔하게 정리하여 제시해준다면 얼마나 좋겠는가? 여건은 결코 그렇지 못한 것이다. 그것은 마치 농부가 재배하는 농작물과도 같다. 농작물이 무슨 말을 하는가? 물을 주고 비료를 주고 약을 치고 밭을 매어주는 것은 농작물의 요구need를 간파하는 농부의 지혜인 것이다.

필요한 요구를 알아차리지 못하고 넘어가면 농작물은 시들시들 말라 죽거나 제대로 열매를 맺지 못하는 결과로 말할 뿐이다. 국민들도 마찬가지로 제대로 된 정치에 임하지 못하면 범죄율과 자살률, 실업률, 빈부격차, 행복지수, 이민율 등의 결과로 말한다. 최악의 정치와 행정 앞에서도 국민은 뭐라고 말하지 않는다. 국가와 더불어 조용히 조락凋落하여 세계사의 흐름에서 도태할 뿐이다.

어리석은 공직자들은 마치 국민이 직접 요구하는 것을 말로 다 할 것처럼 생각한다. 그렇기 때문에 국민을 무시하기도 하고 무지한 존재처럼 생각하기도 한다. 그들은 국민들이야 항상 무언가를 바라지만 그것은 제가끔의 처지에서 제가끔의 아쉬운 소리를 하는 것이기 때문에 과연 그것들이 다 경청할 가치가 있느냐 하는 뿌리 깊은 선입견을 가지고 있다. 그런 생각은 소위 민원에 대한 공직자들의 생각에서 전형적으로 발견된다.

대부분의 공직자들은 민원이라는 것을 귀찮고 성가신 것, 법령도 규정도 모르고 그저 자기들 아쉬운 소리만 늘어놓는 것, 불만 내지 항변 정도로 인식하고 있는 것이 보통이다. 심지어 일부 공직자들은 민원인을 무지하고 이치에 닿지 않는 소리나 늘어놓고 뭐라도 한 몫 얻어내려고 욕심을 부리며 거칠게 생떼를 쓰다가 여차하면 먹살잡이도 마다하지 않는 사람들로 여기고 있는 것이 현실이다.

물론 개별적, 구체적으로는 그런 측면이 있는 것이 사실이다. 그러나 그런 인식 위에 민원에 대한 기본 개념을 설정하고 더 나아가 국민의 바람을 유추하는 것은 치명적 오류가 아닐 수 없다. 행정의 현장에서 나타나고 있는 구체적인 국민들의 목소리는 그것을 한 차원 더 높은 곳으로 가지고 가서 '해석'하고 그 근본에 무엇이 있는지를 '탐구'해야 할 단서들이기 때문이다. 그 모든 하찮아 보이는 목소리들은 공직자들이 그들의 공직적 삶을 통해 두고두고 추구해야 할 '무엇을 할 것인가'를 그 안에 담고 있지만 그것은 아직 정제되지 않은 원석과 같은 형태로 존재하는 것이다. 그 원석의 바깥에 따로 행정이 추구할 보석이 없다는 것을 인식해둘 필요는 너무나도 간절하다.

왜 그리 간절한가? 다수의 행정가들이나 정치가들은 국민들의 평범한 바람은 단지 소란하고 귀찮은 담장 밖의 요구들에 불과하고 정말로 추진할 만한 과제들은 자신들의 기발한 구상에서 나오는 것이라고 굳게 믿고 있기 때문이다. 행정의 진정한 고객인 국민을 무시하고 어떤 빛나는 행정이 전개될 수 있겠는가? 모든 공직자들이 진지하게 그 구도를 살펴야 할 것이다.

5

잃어버린
정체성을 찾아서

전문성과 교양

공직사회가 하는 일은 큰 일이든 작은 일이든 사회 정의와 공공의 이익을 위해 무언가를 끊임없이 판단하고 결정하는 일이 많다. 거기에서의 판단은 종합적인 판단인데 제대로 된 판단을 위해서는 바른 가치관과 풍부한 경험 그리고 누적된 삶의 지혜가 필요하다. 그 점에서 공직은 그 기초로서 전문성과 폭넓은 교양Bildung을 필요로 한다.

한때 우리나라는 전문성만을 지나치게 강조했던 적이 있었다. 전문성을 가지고 있으면 기본적인 교양은 함께 가지고 있을 것으로 가정했기 때문이다. 전문성을 지나치게 높이 평가하고 교양은 반대로 가볍게 평가한 데에 따른 것이기도 했다. 그러나 세월이 가면서 전문성의 빈곤이 점점 노출되었다. 전문성은 눈앞의 것에 대해 미시적으로는 밝지만 조금만 시야를 넓히면 오히려 전망을 놓쳐 엉뚱한 결론을 내리곤 했던 것이다.

생각하면 이 세상에 홀로 독립된 과제는 없다. 모든 과제는 다른 과제들과 영향을 주고받는 관계에 있고 다른 과제와의 관계 속에서가 아니면 자신이 다루고 있는 제한된 분야의 과제에마저 제대로 접근하기 어렵다. 어떤 중대한 분야에 대한 검토에서는 그 분야의 탁월하다는 전문가가 놓치는 것을 전문가가 아닌 사람이 단지 기초적 교양을 바탕으로 정확히 핵심을 파악하는 것은 흔한 일이 되었다. 전문성에 대한 불신이 생겨나기 시작한 것이다.

그렇다고 해서 전문성이 불필요해질 수는 없는 일이다. 다만 우물 안 개구리 같은 형태의 전문성만으로는 어렵다는 것을 깨달았고 보다 넓은 교양과 삶의 지혜가 전문성을 뒷받침하고 있을 때에만 전문성도 제대로 역할할 수 있다는 것을 깨닫게 되었던 것이다. 그러나 공직사회가 이런 폭넓은 요구에 적절히 대응한다는 것은 체질적으로 어려운 일이었다.

전문성의 일환이면서도 그것과는 일정하게 구별되는 것이기도 했던 것으로 국제적 동향과 정보에 대한 욕구가 매우 팽창했던 시절도 있었다. 이른바 세계 속의 한국으로 나아가기 위해 스스로를 재발견하고 그러기 위해서는 국제사회의 다양한 정보와 흐름을 파악하는 것이 무엇보다 절실하던 때였다. 이를테면 일본은 한때 모든 방면에 걸쳐 우리가 지향해야 할 모범이었다. 그때는 국제적 동향, 특히 일본을 아는 것이 우리의 미래를 가늠하는 것과 크게 다르지 않았다. 그 세월이 어느 정도 지나고 나니 이젠 정보적 지식도 한계에 부딪혔다. 국가의 각종 제도들이 어느 정도 성장을 하면서 더 이상 다른 나라의 경험이 참고가 되기 어려운 우리만의 특수성이 조성되었기 때문이다. 미래를 위한 판단에서 진정한 지혜가 비롯하는 곳은 더 이상 외국의 사례가 아니라 우리 현실이며 그것을 정확히 진단하고 그 진단 속에서 스스로 처방을 찾아야 한다는 생각이 들기 시작했다. 그것은 정보적 지식과는 본질적으로 다르고 특히 한정된 전문성에 구애되지 않는 광범위한 관심과 열정 그리고 사려라는 생각이 점점 지배적으로 되어가고 있다.

비단 공직사회뿐만 아니라 모든 사회가 전문성과 교양 그 어디에도 초점을 맞추지 못하고 있는 사이에 신자유주의가 날카롭게 파고들었다. 신자유주의는 사회주의가 무너져내린 일방적 환경에서 쓰나미처럼 나라를 덮쳤다. 경쟁력이니 시장 적응성이니 하는 생소한 개념들이 골목길의 불량배들처럼 들이닥쳐 사회 구석구석을 초토화시켰다. CEO들의 성공담과 경영철학을 담은 책들이 서점의 전통적인 서가를 점령하고 소위 자기개발서라는 족보도 없는 책들이 어리둥절해 있는 조직생활자들을 강박하기에 이르렀다. 그리고 그것은 지식에 관한 마지막 보루인 대학사회까지 초토화시키는 위력을 과시하기도 했다.

물론 그런 흐름이 오래갈 수는 없었다. 근시안적이고 표면적인 문제에 매달린 이런 흐름은 금방 그 한계를 드러내었다. 공직자들은 다시 길거리에 나앉은 것처럼 불안해졌다. 이런 경향 저런 경향들이 뒤섞여 우왕좌왕하는 가운데 지금은 거꾸로 인문학 바람이 불고 있다. 나는 사실 이 인문학 바람도 별로 반갑지가 않다. 신자유주의의 거칠고 무식한 바람에 이어 이 바람도 결국 앞서 불었던 그 바람의 잠시 역풍으로 보이기 때문이다. 내로라하는 기업들이 느닷없이 고위 간부들을 상대로 인문학 강좌를 열기도 하고 유수의 대학에서는 최고위자 과정이라고 하여 한 학기에 수업료만 수백만 원 심지어 수천만 원을 하는 인문학 강좌를 개설, 돈 많은 경영자나 기업간부들을 모집하기도 한다. 공조직도 이런 분위기에 편승하는 눈치가 역력하다. 그러나 그 내용을 보면 이미 제대로 된 인문학이 아니다. 중심도 잃고 정신도 잃은 허울만의 인문학이 진짜가 사라진 자리에서 헛된 시늉을 하고 있는 것이다. 하긴 신지식인이니 뭐니 하는 개념도 불분명한 새바람을 정부가 주도하던 것을 생각하면 궁지에 몰린 대학이나 기업을 중심으로 이런 이상한 역풍이 부는 것도 무리는 아니다.

국가 경영에서 공직자들이 맞이한 지적 빈곤은 이제 피할 수 없는 과제가 되었다. 그 대안이 인문학이라고 생각하는 것은 대개 허세라 생각한다. 그러므로 고사 직전의 인문학이 그 효용성을 과대포장해 가며 공직자들이나 경영자들의 기초적인 교양을 증진시키겠다고 문화, 철학, 역사, 고전 등에 음악, 미술까지 적절히 가미하여 제공하는 퓨전 식단에 솔깃해할 필요는 없을 것 같다.

그러나 공직자들이 자신의 전문 분야를 넘어 국가와 사회와 인간에 대한 광범위한 관심을 가져야 하는 것은 너무나도 필요한 일이다. '보임새(色)'를 챙기기 위한 허세에서가 아닌, 공직자들의 관심의 확대와 심화에 기여한다는 큰 목적에서라면 인문학이 기여해야 할 영역은 아직도 많은 것이 사실이다. 공직자를 채용하는 과정에서 이런 교양의 부분에 대한 광범위한 측정을 포함시키는 것도 하나의 방법일 것이다. 지난날 행정고시에서 국사를 2차 시험과목으로 하였던 것은 지금도 우리나라 공직사회의 큰 밑거름으로 작용하고 있는데 이런 것도 소중한 경험이 될 수 있다.

나라 정책이나 각종 행정을 돌아보면 상식적으로 보아도 유치하고 조잡한 것들이 많다. 당연히 오래 유지되지 못하고 구설수에 올라 논란만 거듭하다가 스멀스멀 사라지게 된다. 깊이 생각하지 않고 짧은 생각으로 일을 하게 되면 그런 일들이 나타나게 되고 그런 경우에 공직자들의 좀 더 사려 깊은 발상이 아쉽게 느껴지는 것이다.

매번 정권 초기만 되면 정책적 판단의 요로를 점하고 앉아 짧은 생각을 거친 의욕에 담아 발휘하는 익명의 사람들을 만나게 된다. 팀제니 뭐니 하는 것들이 다 그런 경우였다. 미국 등지에서 배워온 짧은 교과서적 지식 앞에서 이 나라의 공직사회가 실험장이 되기도 한다. 그런 경우들을 보게 될 때 나라 공직의 기본적인 수심이 좀 더 깊어질 필요성을 절감한다. 당연히 거기에 어떤 왕도가 있는 것은 아니다. 다만 반세기가 넘는 경험을 소중히 반추하며 우리 공직사회에 보다 주체적인 사려가 살아나야 한다는 것, 그것을 위해서는 공직 내·외부에서 허울에 치우치지 않은 참된 노력들이 솟아나야 한다는 것만큼은 모든 관계자들이 인식을 함께할 필요가 있을 것이다.

교육과 콩나물 키우기

교육은 모든 공직자들에게 매우 중요한 항목이다. 그것은 나태와 안일에 대한 자극으로서 지속적으로 주어질 필요가 있다. 직급의 고하를 막론하고 공직자에게는 기본적으로 안일에의 경향이 있다. 공직자도 인간이고 자연 상태의 인간에게는 정적인 상태로 회귀하고자 하는 본능이 있기 때문이다. 공자가 정치를 하는 데 필요한 것을 묻는 제자들의 질문에 대해 한결같이 "안일하지 말 것"을 강조했던 것도 바로 그 때문일 것이다.

> 자로가 정치에 대해 묻자 선생님께서 말씀하셨다.
> "자신이 먼저 하고 애써 하여라."
> 더 청하자 말씀하셨다.
> "안일하지 말아라."(『논어』 자로/1)

子路問政. 孔子曰 : "先之, 勞之." 請益. 曰 : "無倦."

따라서 안일을 너무 두려워하거나 원죄나 되는 것처럼 죄악시할 필요는 없다. 다만 그것은 잡초처럼 끊임없이 자라고 잠시만 한눈을 팔면 금새 무성해지기 때문에 부지런히 제거해줄 필요가 있을 뿐이다. 특히 공직사회는 이러한 안일에의 경향에 의도적으로 대처하면서 공직의 목적과 사명을 끊임없이 환기시켜주는 메커니즘이 필요한데 그 대표적인 것이 바로 교육이라 할 수 있다.

그런데 공직사회에는 교육을 별로 대수롭지 않게 여기거나 심지어 공연한 시간과 비용의 낭비로 생각하는 공직자들이 적지 않다. 인간이란 다 타고난 본성과 역량이라는 것이 있는데 그 모든 것이 굳어진 성인을 상대로 교육을 해보았자 그것이 얼마나 영향을 미칠 수 있겠느냐 하는 생각이 그 배경에 깔려 있다. 그런 경우 나는 교육을 콩나물시루에 물 주는 일에 비유하던 이야기를 종종 들려주곤 했다.

콩나물시루에 물을 주어보라. 그 물이 어떻게 되는가? 거의 전부 밑으로 새고 말 것이다. 물 주기가 아무 소용이 없어 보이는 까닭이 바로 거기에 있다. 그렇다고 해서 만약 물 주기를 중지해버린다면 어떻게 되겠는가? 결과는 뻔하다. 콩나물은 며칠 가지 않아 모두 말라 죽고 말 것이다. 다 새는 것처럼 보이지만 실은 그 과정을 통해 콩나물은 물을 흡수하여 콩나물로 자라는 것이다. 교육은 그 물 주기처럼 공조직의 구성원들이 빠져드는 안일을 경계하면서 공직자에게 필요한 각성을 가져다주는 결정적 요인이 된다.

교육에 별 기대를 걸지 않게 되는 것은 어쩌면 교육에 너무 지나친 요구를 하는 것이 한 요인일 수도 있다. 교육은 0을 100으로 만드는 과정이 아니다. 교육은 단지 50을 51로 만드는 과정일 뿐이다. 교육은 그 1에 불과한 것이다. 단지 그것이 생장점에서의 1이고 +1로서 작용한다는 점에 주목할 필요가 있다. 그 +1에 공직사회의 방향성이 제시될 수 있고 그 작은 폭이 모여 한 나라의 공직 체계를 성장시키고 전체 사회를 이끌어가는 선도적 자양이 배양되는 것이다. 그 폭이 작다고 하여 교육을 소홀히 하면 공직사회는 세속적 흐름에 꼼짝 없이 휩싸이게 되며 그것이 장기간 누적될 경우 이윽고 국가 발전을 주도하는 역량을 완전히 잃어버리게 되는 것이다. 다시 말하지만 교육은 100을 만드는 것이 아니다. 교육은 단지 +1이고 그것이 성장의 요체가 되어 콩을 콩나물로 만드는 것이다.

교육은 하위직 공직자만을 대상으로 하는 것은 아니다. 어쩌면 고위 공직자의 경우에 교육의 필요성은 더 크다고 할 수도 있다. 박정희 대통령이 한때 국무회의에 이선근 교수를 초청하여 국사교육을 했던 것은 시사하는 바가 큰 사례라 할 수 있다. 아쉬운 것은 필요한 교육을 제공할 교사와 교재가 의외로 빈곤하다는 사실일 것이다. 이것은 교육에 대한 정부의 의지가 박약해진 것과도 관련되고 교육을 단지 필요한 정보에 대한 입수나 전문지식의 습득 정도로 소홀히 여긴 탓일 수도 있다. 민간의 역량이 커지면서 공직사회가 자신의 차별적 특수성에 대한 자부심을 잃고 민간의 특성을 부럽다는 듯이 넘겨다보게 된 것도 한 요인이 되었을 것이다.

교육은 필요하다. 그것도 절실히 필요하다. 그리고 그 필요성이 제대로 느껴지는 것은 우리나라의 공직사회가 자신의 고유한 사명을 새롭게 인식하고 이 시대에 어떤 역할을 해야 할 것인지를 다시 한 번 분명히 깨달을 때다. 그 깨달음 속에서 풋풋하게 싹틀 저 +1의 교육을 기대해본다.

정치권에 주눅들지 마라

우리나라 관료사회를 오랜 세월에 걸쳐 지켜본 사람이라면 그사이에 어떤 큼직한 변화가 있었던 것을 지적할 수 있을 것이다. 그 변화는 분야별로 여러 가지가 있겠으나 역시 가장 포괄적이면서도 중대한 변화는 우리나라 관료사회가 어느덧 자기 정체성self-identity을 소리 없이 상실해버린 것이 아닐까 한다.

대략 40여 년 전만 해도 우리나라 관료사회는 자기 자신이 누구며 무엇을 하는 존재인지를 분명히 인식하고 있었다. 말하자면 정체성을 가지고 있었던 것이다. 그 정체성은 주로 경제부처를 중심으로 하여 형성되어 있었던 것 같다. 국가 차원의 계획경제 시대였으니 시대적 조건이 그럴 수밖에 없었다고 할 수도 있겠지만 어쨌든 경제부처의 관료들을 중심으로 자신들이 시대적 사명을 선구적으로 수행하고 있다는 자부심이 매우 팽배해 있었던 것은 사실이다. 요즈음은 잘 쓰이지 않는 용어이지만 '엘리트elite'라는 용어가 관료사회를 풍미한 것도 바로 그때였다. 그 용어는 관료사회뿐만 아니라 학계, 과학계, 산업계 등 광범위한 분야에서 쓰였는데 그래도 엘리트 하면 역시 가장 대표적인 이미지로 부각되었던 사람들이 경제부처의 젊고 유능한 관료들이었다. 경제 쪽에서 형성하였던 그 강한 자기 정체성은 그 후 복지, 외무, 교육 등으로 조금씩 외연을 넓혀나갔는데 그러는 만큼 상대적으로 그 밀도는 조금씩 약해지면서 후에는 점점 그 정체성이 풀어져 오늘날에는 과연 그런 시절이 언제 있었던가 싶은 단계에까지 이르고 말았다.

그 가장 큰 이유는 역시 민간의 성장일 것이다. 전체 국가를 관료조직이 일정한 주도성을 가지고 리드하던 시대가 과거였다면 지금은 민간이 너무나도 두텁게 육성이 되어 관료조직이 국가사회를 리드한다는 것은 시대에 뒤떨어진 개념이 되고 만 것이다. 그래서 어쩌면 관료사회가 자기 정체성을 잃어갔다는 사실은 국가적 차원에서는 총체적 발전을 의미하는 역설을 담고 있다고 해도 좋을 것이다. 민간과의 관계에서는 아마 관료사회도 기꺼이 그런 평가를 인정하고 받아들일 용의가 있으리라 생각한다.

그러나 그렇지 않은 분야가 있다. 다름 아닌 정치권과의 관계에서다. 이쪽은 문제가 단순하지가 않다. 그 옛날 관료사회가 열정과 자부심으로 국가 발전을 주도해나가던 시절 정치권은 소위 거수기擧手機라는 소리를 듣고 있었다. 대부분의 정책은 관 주도로 이루어지고 있었고 정치권은 관의 편에 서서 손이나 들어주는 기계 노릇밖에 못한다는 뜻이었다. 중요한 법안은 대부분 정부안이던 시절이었다. 그런데 여기에서도 알다시피 많은 변화가 이루어졌다.

1972년 이후 민주주의는 곤두박질 쳤고 엄청난 시련 속에서 민주주의는 다시 제자리를 잡아갈 때까지 끊임없이 요동을 쳐야 했다. 그 과정에서 정치의 중요성은 말할 수 없이 증대했고 관료사회는 그 속성상 무력하게 침묵하며 흔들리는 현실을 지탱하고 있어야 했다. 국가사회를 이끌고 가는 중심적 정당성이 관료사회에서 정치사회로 옮아가게 된 것이다. 그처럼 나름대로 원인은 있었지만 비중이 증대된 정치권은 점점 관료조직 위에 군림하기 시작했다. 대의민주주의 하에서 국민의 대의기관인 국회를 중심으로 정부에 방향성을 부여하고 정부를 감시한다는 것은 명분이 없지 않았다. 1987년 국정감사권의 신설은 이 과정에서 중대한 전환점으로 작용하였다. 지난날 대의기관이 거수기 역할밖에 못하였던 것이 적지 않은 문제점이었지만 이제 정치권이 관료조직을 압도하는 구도는 그 정당성의 이면에서 새로운 많은 문제점을 낳게 되었다.

무엇보다 대중영합주의의 기승은 중대한 문제점이 되었다. 대중성은 모든 것이 어떻게 보이느냐에 따라 결정적인 영향을 받는 것이다. 모든 논리는 단순해야 했고 모든 복잡하고 심도 있는 것은 위험하고 무력한 것이 되고 말았다. 민주주의의 그늘인 우민정치가 바야흐로 고개를 든 것이다. 정치권은 정권의 향방에 모든 것을 올인한다는 생래적 유혹으로 인하여 진정한 의미에서 정의正義에 충실하기가 쉽지 않은 입장이었다. 정치라는 말이 거짓과 술수의 대명사처럼 통용되는 것은 그것이 권력의 획득을 정의와 평등, 자유 등 국민적 삶의 다른 가치들보다 우위에 두면서 비롯된 것이다. 관료사회가 정치권의 포괄적 통제 하에 들어가면서 정치의 이런 도착된 가치관계는 급속히 관료조직 속으로 침투해 들어갔다. 정치질서를 기웃거리고 그 흐름을 관찰하여 스스로의 입지를 알아서 조정하려는 고위 관료들의 움직임은 이미 오래 전부터 관료조직의 등뼈를 허약하게 만들어왔다. 어설프게 정치적 행태를 흉내 내려는 소수의 관료들은 물론이지만 관료적 정체성을 지켜내려는 다수의 관료들도 자신도 모르게 소극적 행위들, 이를테면 소소한 구체적 압력을 받아들인다든지 가급적 정치적 흐름에서 벗어나지 않으려 한다든지 하는 태도를 통해 권력의 위계질서를 내면화함으로써 조금씩 스스로의 정체성을 허물어왔던 것이다.

한마디로 관료사회는 정치권에 서서히 주눅이 들어왔다. 이처럼 주눅든 관료사회를 가정 경멸하는 조직이 역시 그런 상황을 유발한 정치권이라는 사실은 아이러니컬한 것이 아닐 수 없다. 관료조직뿐만 아니라 진실이나 정의마저도 권력의 향방에 예속되도록 윽박질러 놓고 막상 그렇게 예속되어 이러 휘고 저리 구부러지는 추한 모습은 보기가 싫은 것이다. 지금의 관료조직은 솔직히 정치권의 머슴방처럼 되고 말았다. 오죽하면 "영혼이 없는 조직"이라는 자조적인 말까지 생겨났을까! 누군가는 "장기판의 졸"로 스스로를 비하하기도 했다. 장기판의 졸이 장기 두는 사람의 손길을 떠나 스스로 움직이는 것을 보았느냐는 것이다. 자기 비하의 극치가 아닐 수 없다.

이런 모순과 딜레마 속의 관료조직이 나아갈 방향은 어디라고 해야 할까? 정치권의 탓만 하고 있을 수는 없으니 그쪽은 그쪽 나름대로 역시 공직의 일부로서 반성을 하고 방향을 찾아야겠지만 관료사회는 관료사회대로 새로운 자기 정체성을 확립하기 위해 노력해야 할 것이다. 예나 지금이나 그것은 변함없이 진실과 정의에 대한 불굴의 추구다. 모든 혼란과 왜곡의 원천은 권력의 획득과 유지가 진실과 정의 등 다른 모든 가치들을 누르고 최우선의 가치로 올라선 것이고 그것은 지금도 거의 개선되지 않고 있다. 해결은 너무나도 당연히 권력을 진실과 정의의 아래로 다시 편입시키는 것이다. 오직 진실과 정의만이 휘어진 관료사회의 허리를 펴게 할 수 있다. 그리고 그 과정에 공직자 한 사람 한 사람의 예언자적 사명감이 필요하다. 정치권의 위세에 주눅들지 말고 한 줌 티끌에 지나지 않는 권력을 초개처럼 여길 수 있다면 이 기괴한 도착도 언젠가는 바로잡을 수 있다는 신념을 분명히 갖출 때다.

성과급이 만능은 아니다

신자유주의의 열풍이 불면서 우리나라 공직사회도 언젠가부터 연봉제며 성과급의 흐름을 타고 있다. 일을 더 많이 하고 더 잘 하는 사람에게 더 많은 보상이 베풀어지게 하자는 이 제도는 일장일단을 지닌 제도라서 한마디로 그것이 바람직하다거나 불필요하다고 말하기 어려운 것이 사실이다. 누군가는 열과 성을 다하여 자신의 소임을 철저히 수행하는 반면 다른 누군가는 소임을 방치하다시피 빈둥거리고 있는데 그 둘이 동일한 금전적 보상을 받는다고 하면 누가 보아도 형평이 결여되어 있다 할 것이다.

그러나 그 제도가 좋다 하여 막상 시행을 하고 보면 떠오르는 문제가 한두 가지가 아니다. 특히 공직사회는 더 그렇다. 무엇보다 공직자들의 열정을 돈과 연관시키려는 시도는 공직자들이 유지해온 전통적 애국심을 훼손하는 것이 될 수 있기 때문이다. 공직자가 나라와 국민을 위해 헌신하는 것이 한갓 돈을 바라서 한 것은 아니지 않느냐 하는 아주 원칙적인 문제가 대두되는 것이다. 이것은 공공의 임무 수행과 관련하여 매우 중요한 문제이기 때문에 사소하게 취급할 수 없는 문제다. 사기업의 경우와는 기본 철학에서부터 큰 차이를 가지는 것이다.

영리를 목적으로 하는 사기업은 어차피 이윤을 창출하는 데에 누가 얼마나 기여하였느냐를 따지는 것이 이론적으로도 타당성이 있고 그것을 측정하는 방법도 비교적 쉽다. 그러나 공조직의 경우는 다르다. 애국심을 돈으로 사거나 국민에 대한 봉사정신을 금전으로 환산할 수 없다는 데에서 이 제도를 가볍게 도입하기 어려운 중대한 차이가 있는 것이다.

현실적으로 어려운 점은 누가 더 열정적으로 일하고 더 열심히 그리고 효과적을 일했는지를 알기 어렵다는 것이다. 분명히 더 열심히 일하고 더 성과를 낸 사람이 있고 그렇지 못한 사람이 있지만 막상 그것을 객관적으로 가려내려고 하면 간단한 것이 하나도 없다. 주관적 판단에 휘청거리지 않을 만한 객관적 지표를 통해 평가를 하자면 지표로 삼을 만한 마땅한 척도가 없다는 고충은 모든 공조직에서 공통적으로 느끼고 있다. 그러다 보면 매우 중요한 일이 평가지표로 삼을 마땅한 척도가 없어 제대로 평가가 되지 않는 반면 별것 아닌 일이 지표감이 있다는 한 가지 이유로 평가의 중요한, 때로는 결정적인 몫을 차지한다.

뿐만 아니다. 평가의 지표로 무엇무엇이 올라가 있다는 것이 알려지면 유별나게 그 부분에 공을 들이는 사람이 있다. 또 별나게 그런 부분에 신경을 쓰는 사람일수록 지표와 무관한 업무에는 전혀 신경을 쓰지 않는 현상도 노골적으로 나타난다. 담담히 일을 하고 평가를 받는 것이 아니라 평가를 위해 일을 하는 전도현상이 일반화되는 것이다. 그것을 보고 있으면 과연 평가니 성과급이니 하는 제도가 효과를 낳고 있는지 역효과를 낳고 있는지 판단이 잘 서지 않는다. 거기에서 나 혼자만이라도 중심을 잡고 공직의 고유한 원칙에 입각해서 충성을 다하겠다고 나서는 사람이 있다면 그는 바보 취급을 받을 것이다.

또 한 가지의 어려움은 성과급의 효과와 관련된 것이다. 성과급 제도는 노력과 성과에 상응하는 보상을 한다는 측면도 있지만 그 차등된 보상제도을 통해 모든 공직자들을 독려함으로써 업무 자세를 개선시킨다는 목적이 있다. 그러나 이 부분에서 한국인들은 외국의 경우와는 달리 업무 자세를 시정하는 효과가 크게 떨어진다. 낮은 보상을 받은 사람은 내가 낮은 성과를 내어 이렇게 낮은 보상을 받았으니 다음에는 더 노력하여 높은 성과를 내어야겠다는 생각을 하지 않는다는 것이다. 오히려 그는 내가 이렇게 낮은 보상을 받았으니 앞으로는 이 낮은 보상에 걸맞는 낮은 성과만으로 임하겠다 하고 어깃장을 부린다는 것이다. 어린아이의 반항심리 비슷한 것인데 이것은 이성적 요소보다 정적인 요소가 강한 한국인의 특성에 관련되어 있는 것 같다. 하여튼 성과급의 효과는 생각보다 높지 않다는 데에 이 제도를 시행하는 또 다른 고민이 있다.

이런 여러 가지 어려움에도 불구하고 "그러면 열심히 일한 사람이나 열심히 일하지 않은 사람이나 동일하게 보상하는 것이 과연 정의냐?" 하는 물음은 여전히 남는다. 누구도 만족스러운 결론을 내기는 어려운 문제다. 변하는 시속을 모른 척할 수도 없는 일이기에 성과급 제도를 시행하는 것은 한편에서는 불가피해 보인다. 그러나 기본적으로 공직사회에서 일과 보수를 직접적으로 연결시키는 것은 바람직하지 않을 수도 있다는 것을 잊어서는 안 된다.

공직자들로 하여금 보수를 직접적인 목적으로 하지 않고 순수한 열정으로 봉사하는 사람들로 남게 하려면 성과급은 결코 원칙적인 방안은 아니다. 거기에는 전통적인 이념과 가치관이 더 크게 작용하도록 하여야 한다. 세상이 변하였다고 하여 지난날 우리 공직사회를 유지시켜오던 전통적 가치관을 하루아침에 내팽개치는 것은 어리석은 일이다.

공직자는 애국심과 국민에 대한 봉사의 단심으로 일해야 하며 보수는 원칙적으로 그에 대한 감사의 예물 같은 것이어야 한다. 성과급 제도를 잘못 운영하여 공직자를 돈의 질서에 따라 움직이는 사람들로 만드는 것은 길게 볼 때 결국 어리석은 짓이다. 이것에 대해서는 앞으로도 더 긴 고민이 있어야 할 것 같다. 다만 잠정적으로라도 우리가 말할 수 있는 것은 바로 "성과급이 만능은 아니다"는 사실과 그럼에도 불구하고 그것을 아무 생각 없이 밀어붙이려는 당국자들의 무사려는 허용될 수 없다는 것이다. 적어도 현 단계에서 지나치게 성과급의 폭을 확대하는 것은 득보다 실이 클 것이라는 점을 분명히 말해두고 싶다.

공직사회가 사기업의 체질을
배우는 것은 바람직한가?

공직사회를 이야기할 때 무사안일, 철밥통, 변화의 거부, 비효율 등등의 표현으로 문제점을 이야기할 때가 많다. 공직에 몸담고 있는 사람으로서는 매우 곤혹스럽고 자존심 상하고 불명예스러운 이야기가 아닐 수 없다. 그 대척점에서 사기업을 발견하고 사기업이 국제 경쟁 속에서 살아남기 위해 몸부림치는 것을 보고 배워야 한다는 목소리가 커지기도 했다. 1997년 외환 위기 이후 특히 이런 바람이 강하게 불었다. 구조조정을 받아들이고 연봉제를 수용하는가 하면 팀제라는 허울만의 제도도 시행했다. 고위 관료들마저 대기업에 파견을 나가서 장기간 견학하는 일까지 생겼다.

공직사회의 문제점을 사기업의 체질과 환경에 비추어 비판하는 이런 경향은 비단 우리나라뿐만 아니라 미국을 위시한 외국의 경우에도 정도의 차이만 있지 나타났던 것이 사실이다. 이것에 대해 나는 공직사회가 사기업의 사례에서 무언가를 배울 수 있는 것은 사실이라 하더라도 모든 것을 사기업에 맞추어 사기업의 정신, 사기업의 체질, 사기업의 방법으로 바꾸어야 한다는 주장에는 결코 동의하지 않는다.

알다시피 사기업은 자본의 생리에 따라 움직이는 이윤 추구기관이다. 사실 조금만 생각해보면 공조직은 그 점에서 기본적으로 작동원리가 다르다는 것을 알 수 있다. 공조직도 경제적인 환경에 속해 있는 이상 그 질서와 원칙에 따를 필요가 있기는 하지만 공조직은 단지 그것만을 운영원리로 하지는 않는다. 공조직은 국가와 민족을 단위로 하고 있고 국가의 안녕과 국민의 자유와 평등과 복지의 증진을 추구하고 공의公義를 거양한다는, 기업의 논리에 비하면 한층 고귀하고 차원 높은 이념을 따르고 있다. 따라서 사기업을 통째로 뒤쫓는다는 것은 애초부터 무리한 이야기였다. 자본 일변도의 얄팍한 미국 사회에서 배워온 값싼 이론을 무소불위의 비방처럼 휘두르다 보니 이런 기괴한 질서가 생겨난 것일 뿐이다.

이를테면 공직자들의 애국심이 사기업의 체질과 무슨 상관이 있는가? 공직자들이 더 나은 국가, 더 합리적인 사회를 만들기 위해 고군분투하고 열정을 기울이는 것과 같은 요소가 사기업에 있는가? 기업은 돈만 벌고 경쟁에서 우위를 지킬 수만 있다면 무슨 일이든 하는 조직이다. 국가도 민족도 부차적인 것이 될 수밖에 없는 것이 기업의 생리 아닌가? 공직사회에 그런 것을 배우라고 하는 것은 분명히 도착된 생각이고 신자유주의의 맹위에 질린 굴욕적 조치이며 공직사회의 죽음을 촉진하는 조치에 불과하다.

공직사회는 자신의 정체성을 추구하여야 하며 스스로를 판단하고 채찍질하는 자신만의 기준을 가지고 있어야 한다. 공직사회가 사기업을 부러워하고 그곳으로부터 무언가를 배우려 한다는 것은 이미 스스로의 중심을 잃고 휘청거리고 있음을 뜻한다. 선망은 죽음이라는 말을 기억할 필요가 있다. 배우는 것은 자기 정체성이 분명하고 자기 기준을 확고히 지킬 때에 비로소 가능한 것이다. 자기 정체성을 잃어버린 주체는 무언가를 외부로부터 배운다는 것도 가능하지 않다.

그럼에도 불구하고 우리 공직사회가 서푼어치도 되지 않는 자본의 논리에 눌리고 그런 요구들 앞에 주눅이 들어왔다는 것은 결국 그만큼 자신의 정체성을 잃어버렸음을 뜻한다. 왜 그 정체성을 잃어버렸을까? 스스로를 규율하는 공직 가치관이 끊임없이 와해되어왔기 때문이다. 공직 가치관은 왜 와해되었는가? 천하가 다 알다시피 입법, 사법, 검찰, 경찰, 언론, 기타 수많은 일반 행정 분야들이 도덕성을 잃은 권력의 거짓된 정치적 목적에 동원됨으로써 공직의 생명과도 같은 자존심이 부단히 목 졸려 왔기 때문이다. 더 이상 정의가 숨쉬지 않는 공직사회에 어떤 가치관이 세워질 것이며 무슨 정체성이 형성될 것인가? 오욕에 찌든 공직사회, 권력의 목적에 아무렇게나 동원되는, 머슴방 같은 공조직은 급기야 사기업의 조롱과 훈시를 받고 그 앞에 머리를 조아리기에 이른 것이다.

이것은 아니다. 공직사회가 사기업의 체질로부터 무언가를 배워야 한다는 얘기는 단연코 헛바람이다. 그런 바람은 공직사회가 정말로 필요로 하는 것이 무엇인지를 전혀 모르고 있다. 그리고 공직사회가 왜 그렇게 무력한 모습으로 주저앉게 되었는지에 대해서도 일말의 이해가 없다. 잃어버린 것을 회복하는 문제는 앞으로 공직사회가 스스로 긴 세월을 두고 치유해나가지 않으면 안 될 상처다. 그것은 권력과 공직이 합심하여 뼈를 깎는 각성을 통해 이루어나가야 할 과제이다. 다만 여기서는 적어도 사기업이 그 틈을 헤집고 들어와 공직의 선생 노릇을 하려는 것은 어림없는 일이라는 것을 차제에 분명히 알아둘 필요가 있다.

공직사회는 왜 정체성을 잃고 말았나?

경험은 좋은 것이라고 다들 이야기하지만 그렇다고 해서 무조건 좋은 것만은 아니다. 또 똑같은 경험을 한 사람이라고 해서 똑같은 것을 배우지도 않는다. 마치 인도의 격언처럼 같은 물도 소가 먹으면 우유가 되지만 뱀이 먹으면 독이 되는 것이다. 공직에 있어서도 마찬가지다. 각자 자신의 여건에서 자신의 필요에 따라 배운 결과는 각양각색이고 그 중에는 실로 받아들이기 어려운 속된 가치관도 많다. 차라리 아무것도 경험하지 않고 배우지 않았더라면 좋았을 걸 하는 생각이 드는 경우도 있다. 그것은 오랫동안 우리 공직사회가 공직자들에게 바람직한 가치관을 제공하지 못하고 혼란스런 경험치들 가운데에 그들을 방치한 결과이기도 하다.

크게는 두 방면에서 공직자들은 방치되어왔다. 우선은 1972년부터 1987년까지 15년에 걸친 민주주의의 암흑기와 그런 기간을 가능하게 한 우리나라의 척박한 권력 세계를 거론하지 않을 수 없다. 공직자들은 권력 자체의 불의로 인하여 바람직한 지향점을 가질 수가 없었다. 뿌리가 잘린 상태에서 토막나고 일관성 없는 가치들 틈에 끼어 공직자들은 왜곡되고 분열되는 아픔을 겪어야 했다. 아마도 그 최대의 피해 공직자는 경찰과 검찰이었을 것이다.

불의의 터전 위에 어쩔 수 없이 자리 잡게 된 공직은 삐에로처럼 우스꽝스러운 존재가 되고 말았다. 일관된 진지성을 공직은 추구할 수 없었다. 공직은 스스로 자조적이 되거나 시니컬해지기도 하고 우울해지기도 했지만 종국적으로는 무사려를 택했다. 큰 거짓 속에서 살아남는 현실적인 방법은 스스로 우둔해지는 것밖에 없었기 때문이다. 그것은 국민들 선에서 우민정치愚民政治의 흐름이 조성되는 것과 병행하는 것이었다.

다른 한 방면은 권력의 불의에 비례하여 비정상적으로 촉진된 저 경제제일주의의 가치관 속으로 빠져드는 것이었다. 그것은 진정한 가치를 일관되고 균형 있게 추구할 수 없는 상태에서 선택한 일종의 '대안代案 가치'였다. 공직을 포함한 나라의 모든 것들은 경제개발의 논리에 휘말려 돈과 이윤, 효율성의 질서 속으로 무력하게 끌려 들어갔다. 속악한 돈의 질서와 공직 고유의 원칙 사이에서 공직자들은 흔들렸고 결국 돈의 질서가 가진 무차별적 위력 앞에서 풍타죽 낭타죽하며 밀리고 밀려 무력한 시장 관리인으로, 대부분은 시장 주변의 더부살이 군상들로 구차한 잔명을 보전해왔다.

이제 공직자들은 공직의 고유한 아성을 잃고 어쩔 수 없이 속된 세상으로 밀려나 거기서 세상과 배를 맞대고 그 생리를 배우며 사는

것이 일상이 되고 말았다. 우선 두드러진 현상의 하나로 일부의 공직
자들은 권력의 힘에 휩쓸리며 권력의 조야한 생리를 배웠다. 그들은
나쁜 의미의 '정치'에 눈을 뜨고 그곳의 감각을 배워 익히는 것을 능
력으로 여기게 되었다. 권력관계, 힘들의 역학관계 속에서 처신하는
법을 익혔고 공직의 묵묵한 정도正道는 시야에서 멀어지고 말았다.
그것이 공직의 풍토를 어지럽히며 혼란스럽게 하였다.

　정의, 형평성, 객관성, 민주주의, 공공성 등 우위에 놓여 있어야 할
가치들이 시장의 논리에 휩쓸리면서 이해관계 속으로 곤두박질하는
경우들이 비일비재하게 발생하였다. 공직자들은 어떤 가치를 따라야
할지를 몰랐고 제시된 행동 기준이나 지침은 없었다. 알아서 판단하
고 처신하라는 것이 지침 아닌 지침이 된 셈이다. 그러다 보니 대부
분은 힘의 우위에 따라 그때그때 결정할 수밖에 없는 경우가 많았다.
상호 대립하는 이해관계자들 사이에서 조정을 하겠다고 끼어든 정
부는 종종 또 하나의 이해관계자처럼 어설픈 모습을 보이곤 하였다.

　결국 공직을 이끄는 지도이념이 필요하다는 생각을 하지 않을 수
없다. 공직이 사회의 다른 분야에 대해 지도적 입장에 선다는 것이
아니라 적어도 공직 스스로를 움직이고 방향감각을 제공하고 판단
의 준거로 삼을 가치관이 필요하다는 것이다. 적어도 어울리지 않는
권력의 생리나 시장의 생리를 기웃거리면서 속된 것을 배워서는 안
된다는 것이다. 물론 어려운 일이다. 그러나 불가능한 일은 아니다.
왜냐하면 공직 고유의 원칙이란 한 국가사회 안에서 공직이 과연 어
떤 사명을 가지며 어떻게 행동하여야 하느냐 하는 것이기 때문에 진
지하게 스스로를 관찰하고 사유한다면 충분히 도출될 수 있기 때문

이다. 또 과거 경험을 통해 그런 것을 배우고 확보한 것도 미약하지만 아직은 그루터기처럼 남아 있기 때문이다. 그런 요소들을 살려내기만 한다면 공직의 자기 규율을 가능케 하는 원칙을 충분히 확보할 수 있다.

공직의 뇌리에 어떤 걸맞지 않은 가치관이 눌러붙어 있는지를 통찰하고 그것을 제거하려는 노력이 필요함은 물론이다. 무엇이 잘못되어 있는지를 안다면 거기에서 새로운 행보가 시작될 수 있다는 것은 불변의 이치다. 세상과 배를 맞대고 배운 것들, 공직을 녹슬게 하는 요소들을 분명히 인식하고 그것들과 결별하려는 새 발걸음이 모든 공직자들의 공통된 인식 하에 시작되어야 한다.

실무책임자의 동의가
배제된 결정은 안 된다

나라의 중요한 정책 결정은 전적으로 정책 담당 실무자의 의사를 좇거나 최소한 그의 동의하에서 이루어져야 한다. 정권이 바뀌고 나면 종종 정치를 하던 사람들이 청와대 등 요로에 개입하여 뜻을 편다고 함부로 정책을 제안하고 밀어붙이는 현상을 볼 수 있다. 특히 정권 수립 초기에 누가 보아도 아마추어 냄새가 풀풀 나는 정책들이 속출하곤 하는데 그것은 대부분 그들의 작품이라고 보면 틀림없을 것이다. 이들은 기존 관료들과 갈등을 빚기도 한다. 그러나 워낙 요로를 차지하고 있다 보니 끝까지 합의가 되지 않으면 결국 그들의 승리로 귀결되는 것이 보통이다. 그들은 그 과정에서 기존 관료들이 낡은 관행에서 탈피하지 못했다고 질타를 하기도 한다. 공직사회에서는 기존 관료들을 늘 공무원 생활을 해왔다고 해서 "늘공", 정권 수립 후 공무원이 된 사람들은 어쩌다 공무원이 되었다 해서 "어공"이라고 부르기도 한다.

의견을 제시하여 기존 관료들에게 자극을 주는 것은 좋다. 다수의 공직자들이 무사안일의 그늘 속에서 지내온 것을 생각하면 그 바깥에서 참신한 안목을 접목시키는 것은 언제나 필요한 일이기 때문이다. 그러나 관료들이 끝까지 반대하는 정책을 우격다짐으로 밀어붙이는 것은 안 된다. 그런 사업은 대부분 탈이 나기 마련이다.

행정 의사 결정의 권외에서 정치권력의 힘으로 무리하게 추진한 사업치고 제대로 효과를 낸 정책이 없다. 심지어는 대통령이 직접 발의한 정책도 마찬가지다. 만약 그것이 정말 일리가 있는 정책이라면 관료들을 설득하여 그들로 하여금 동의를 하게 하여 추진하면 되는 것이다. 그러지 않고 힘겨루기를 통하거나 아예 힘을 겨룰 것도 없이 너 따위가 뭐냐는 듯이 소위 '조인트를 까고' 시작하는 무식한 우격다짐이 우리나라 공직의 부끄러운 현실이다. 국가 행정 체계는 권력 창출에 기여한 아마추어들이 서투르게 뜻을 펴보는 자리가 아니다.

그래서 나는 한 가지 원칙을 제안하고자 한다. 나라의 모든 정책은 그것이 행정의 일환으로 추진되든 입법 과정을 거쳐 이루어지든 그 일을 담당하는 정부 실무책임자의 동의하에서만 추진하는 것이 이 나라의 불문율로 자리 잡아야 한다는 것이다. 실무책임자는 포괄적 개념이지만 대략 중앙부처의 담당 과장 정도가 될 것이다. 그것은 모든 발상과 추진이 반드시 중앙부처 실무책임자에게서 비롯되어야 한다는 것을 의미하지는 않는다. 그러나 모든 발상과 추진은 그곳으로 집약되고 담당자의 자유로운 의사에 기반한 동의를 거쳐야 한다는 것이다.

만에 하나 그가 합리적인 제안을 납득할 만한 이유 없이 받아들이지 않는다면 어쩔 것인가? 그런 경우에는 보직변경을 시켜서 강행하면 될 것이다. 보직변경을 하려면 주무 장관의 동의를 얻어야 하므로 그 이슈가 좀 더 객관적인 검증을 받는 기회도 될 것이다. 대중영합주의에 따라 무리하게 남발했던 정치적 약속 따위가 여과 없이 추진되는 일이 없으려면, 또 밤의 술자리에서 튀어나온 아마추어적 발상이 객관적 검토 없이 밀어붙여지는 위험한 일이 없으려면 그만한 장치는 있어야 하는 것 아니겠는가? 그러나 어쩌면 그보다 더 중요한 것은 한 사람의 공직책임자가 가진 소신을 최소한 그만큼은 존중해주는 관행이 아닐까 한다. 그들의 소신은 나라의 대들보다. 그런 것이 행정의 전통으로 확립되는 것이 필요하다는 것이다.

그러나 그런 우격다짐보다 더 나쁜 것은 바로 그 실무책임자가 제나름의 어처구니없는 '정치적 감각'에 따라 무리한 요구를 알아서 수용하는 자세. 제도와 업무에 대한 정확한 판단도 소신도 없는 미련한 공직자에게서 일어나는 이런 답답한 모습을 나는 적잖이 보아왔다. 이런 모습은 모든 문제를 원점으로 되돌리는 절망감을 안겨주기도 한다. 그것은 뾰족한 대책이 없는 근본적 문제이기는 하지만 따져보면 그런 현상도 태반은 권력의 위계질서로써 공직자들을 위협하고 몰아대어 그들의 가치관을 흐리게 만든 결과라 할 수 있다. 한 사람의 담당 공직자는 참으로 중요한 사람이다. 엄밀하게 말하자면 스스로가 자신의 뜻을 팽개치지 않는 한 어느 누구도 그것을 강요할 수 없는 것이 이른바 소신이라는 것이다. 공자도 이렇게 말했다.

삼군三軍에서 그 장수를 빼앗을 수는 있지만 필부匹夫에게서 그 뜻을 빼앗을 수는 없다.(『논어』자한/25)

三軍可奪帥也, 匹夫不可奪志也

　권력자들은 권력 창출에 기여한 사람들과 오랜 기간에 걸쳐 육성된 공직자들을 결코 잘못 평가하면 안 된다. 권력자들에게는 권력의 획득과 상실처럼 중요한 것이 다시 없겠지만 공직자들에게는 한 권력의 등장과 퇴진만큼 사소한 일이 다시 없다. 국민의 선택에 의해 권력은 이 집단이 잡기도 하고 저 집단이 잡기도 하는 것이다. 그런 권력의 부침은 긴 공직의 관점에서 보면 항구에 오가는 배와도 같다. 일부 뜨내기들의 유치한 의욕에 국가의 백년대계가 경솔하게 맡겨지는 일만큼은 없어야 한다. 그리고 그들에 의해 공직자들이 소신을 버리고 표류하는 일은 더더구나 있어서는 안 된다. 무사안일이 체질화된 관료조직에 그들의 과감하고 열정적인 발상이 긍정적 기여를 할 수 있도록 하기 위해서도 그것은 정교한 메커니즘으로 정착될 필요가 있다.

부끄러운 청백리상

아직도 우리나라 공직사회에는 이런저런 명목으로 주는 '청백리상'
이라는 것이 있다. 정말 부끄러운 일이다. 어떻게 공직자가 깨끗하다
는 이유로 상을 받을 수가 있는가? 이런 상이 외국에도 있는지 모르
겠다. 그러나 있든 없든 이런 상은 당장 없어지지 않으면 안 된다. 만
약 공직자들의 권익을 도모하는 공직자 자조모임 같은 곳이 있다면
이런 상을 운영하는 기관을 공직자 모욕죄로 고발하는 것을 검토할
필요가 있다. 그냥 하는 말이 아니다. 이런 상을 운영하는 의식의 이
면에는 공직자를 얕보고 그들을 시키는 일이나 하는 비복婢僕 정도
로 보는 멸시가 실제 깔려 있는 것이다.

만약 인터넷 검색 사이트에 들어가 공직 또는 공직자라는 검색어
로 검색을 해보면 지금도 가장 많이 나오는 관련 용어는 청렴이다.
윤리, 비리, 기강 등의 용어들도 따지고 보면 다 그 연장선상에 있는

용어들이다. 그것을 보고 나는 아직도 우리나라 공직사회를 둘러싼 주된 화두가 청렴이라는 사실에 놀랐고 모욕감을 느꼈다. 솔직히 그것은 철이 지나도 한참 지난 주제인 것이다. 비록 지난 세월 양민을 착취하고 토색질을 일삼던 것이 지방의 벼슬아치들이었고 중앙의 고관들마저 뇌물과 취렴에 영일이 없었던 것은 사실이지만 그러나 지금이 어느 땐가? 국민 주권의 세상이 되면서 그런 영향력에서는 이제 벗어날 만큼 벗어나지 않았나?

청렴이 자랑이던 시대는 지났다. 청렴은 자랑도 아니고 공직의 표준도 아니고 다만 당연한 기초일 뿐이다. 비록 청렴이 아직도 중요한 문제점으로 남아 있다 하더라도 나는 의도적으로라도 그것을 강조하지 않아야 마땅하다고 생각한다. 그것을 최고 덕목으로 두는 한 우리는 공직자들에게 현실적으로 더 필요한 덕목, 즉 국가에 대한 충성심이라든가 국민에 대한 봉사정신이라든가 사안에 대한 공정하고 객관성 있는 판단력 같은 중요한 것들이 제 위상을 차지할 수가 없기 때문이다.

이것은 우리나라 공직사회가 시대가 크게 변화하였음에도 불구하고 그에 걸맞는 새로운 공직자상像을 구축하지 못하고 있음을 여실히 보여주는 것이다. 아직도 고위공직자들마저 각종 비리에 연루되고 있다는 것이 청렴에 대한 강조가 불가피한 이유가 되어서는 아니 될 것이다.

그런 현실이 있고 그에 대한 경각심과 필요한 조치가 있어야 하는 것은 사실이지만 공직 현실의 이념적 생장점에서 이제 청렴이나 청백리상 따위의 치욕적인 관념은 배제되는 것이 마땅하다. 공직자의 최고 덕목이 청렴이라는 것이 오히려 후진국적 지표가 될 수 있다는 사실을 깨닫고 국가는 새롭고 전향적인 공직자상을 정립하는 일에 나서야 할 때라 생각한다.

중립의 자리는 없다

공직자들은 중요한 정책을 결정하는 과정에서 서로 상충하는 요구들 사이에 서게 되는 경우가 많다. 이런 경우에 중심이 약한 공직자는 가장 먼저 이 상황을 어떻게 조정調停(mediate)할까 하는 생각부터 하게 된다. 이때의 조정은 당사자들 선에서 원만한 합의를 유도한다든가 약간씩의 양보를 받아낸다든가 하는 일, 다시 말해서 공직자 자신의 개입을 최소화하는 선에서 시끄러운 소리를 가급적 줄이고자 하는 시도를 말한다. 조정을 생각하는 공직자는 말할 나위도 없이 결정 후 발생할 어느 한쪽 또는 양쪽의 반발이 걱정스러운 것이다.

첨예하게 대립하고 있는 세력들의 역학관계를 어떻게 조정할 것인가가 문제의 전면에 대두하면 모든 것은 헝클어지고 만다. 거기에는 단지 힘들의 적당한 조율만 남게 되고 가리어져야 할 '무엇이 옳은 것인가' 하는 정의의 문제는 뒷전으로 밀려나고 마는 것이다. 조정이 가지는 이러한 문제를 벗어나는 길은 당연히 조정을 우선할 것이 아니라 무엇이 옳으냐 하는 정의의 문제로 돌아가는 것이다. 그 경우 객관적으로 어떤 것이 옳은 것인지를 결정하는 판단력이 필요함은 말할 나위도 없다. 바로 그런 어려운 경우에 객관적 판단을 행하기 위하여 국가는 공조직을 두고 있고 공직자를 배치하고 있다 해도 과언이 아닐 것이다. 공조직은 확고한 의지와 탁월한 안목으로 판단을 내리고 대립하고 있는 당사자들 사이에서 그 판단에 대해 논리적인 설명을 하여 그들을 납득시켜야 하는 것이다. 만약 공직자가 그런 임무를 수행할 수 없다면 냉정한 이야기지만 그는 공직자로서의 자격이 없다고 할 수밖에 없다.

공조직이 한 차원 높은 안목에서 문제가 되고 있는 사안에 대해 합리적 판단을 하려 하지 않고 적당히 조정하려는 자세를 보이면 가장 먼저 나타나는 현상이 이해관계자들이 공적 입장을 신뢰하지 않게 되는 것이다. 당연히 공조직도 공직자도 그 위상이 실추된다. 이 점을 모든 공직자들은 유념할 필요가 있다.

공직자가 조정을 하려는 이유는 가급적 상호 대립되는 세력들의 감정을 거스르지 않고 좋은 방향으로 나가자는 뜻이겠지만 그의 의도와는 달리 나쁜 결과를 초래하는 것이 보통이다. 만약 이런 어려운 상황에서 공직자가 높고 먼 안목에서 결정을 내리고 그 결정을 설득력 있는 논리로 설명할 수 있다면 비록 단기적 혼란은 있을지 몰라도 장기적으로 볼 때 공직자의 위상은 확고해질 것이다. 어느 일방이나 쌍방이 잠시 불만을 표시할 수는 있겠지만 길게 보면 결국 공조직의 입장을 이해하고 그의 권위를 수용하게 된다는 것을 조직경험은 말해주고 있다. 올바른 결정은 시간이 걸리더라도 그 구심력을 발휘하기 때문이다.

조정 내지 중재는 단기적으로는 뛰어난 능력처럼 보이지만 결국 국가 기관의 위상을 실추시키는 계기가 될 뿐이다. 중립의 자리는 없다. 중립은 겁 많은 자가 만들어낸 가상의 위치일 뿐이다. 중립의 자리에 도피하여 무언가 중재를 해보려는 약자의 입장을 약삭빠른 이해관계자들이 모를 리가 없다. 그 결과는 처참하다.

이미 공조직은 여러 분야에서 또 하나의 이해단체처럼 되어 있는 것을 발견할 수 있다. 공조직 자신이 스스로 그렇게 처신하고 있기도 하다. 정의에 확호히 자리 잡지 못하고 이리저리 눈치를 보고 현실적인 힘이 어디로 흘러가고 있는지는 구차하게 살핀 결과가 아닐 수 없다. 특히 조정을 한다고 해서 이쪽에도 한 몫, 저쪽에도 한 몫 하는 나눠 먹기식, 좋은 게 좋은 식으로 전개가 되면 결국 기괴한 정책, 해괴한 사업이 전개될 수밖에 없다. 이 땅에는 이미 그렇게 떡 떼어주기 식으로 만들어진 정책과 사업이 허다하다.

모든 일은 결국 사필귀정이라는 사실에 대한 믿음이 이런 유형의 문제를 타개해나가는 데에 무엇보다 필요하다. 공직자는 눈앞의 갈등이나 다툼 앞에서 무력하게 조정이라는 기제에 현혹되지 말고 무엇이 옳은 것(義)인가 하는 궁극적 과제에 자신의 모든 역량과 주의를 집중해야 한다.

정보와 인식의 공유
그리고 컨센서스의 형성

공사를 막론하고 요즈음은 어느 조직이든 다들 정보와 인식의 공유를 강조하고 있다. 너무 강조되다 보니 귀에 딱지가 앉을 지경이고 들어도 새삼스런 느낌이 없을 정도다. 그러나 딱지가 앉든 어떻든 역시 정보와 인식의 공유는 매우 중요한 아이템임에 틀림이 없다. 그리고 거기에 조금 더 신경을 쓰느냐 못 쓰느냐에 따라 조직은 큰 영향을 받게 된다.

정보와 인식의 공유는 왜 중요할까? 그것을 의식적으로 생각해보는 사람은 의외로 많지 않은 듯하다. 공유가 가지는 적극적 효용에 초점을 맞추면 오히려 그 중요성을 잘 깨닫기 어렵다. 오히려 그것이 공유되지 못할 때 어떤 문제가 발생하는지에 초점을 맞추면 더 이해하기 쉽다. 예를 들어보자. 공유되지 못한 정보가 회의시간처럼 아주 단순한 것이라 하더라도 조직에서는 큰 혼선이 발생한다. 사람들은 우왕좌왕하게 될 것이고 회의는 어수선해지고 그로 인해 회의 결과도 영향을 받을 것이다. 그런데 공유되지 못하는 것은 단순 정보를 넘어 판단을 좌우하는 중요한 사실 정보일 수도 있고 더 나아가 복잡한 사정이나 만만치 않은 논리일 수도 있고 또 더 나아가면 공유가 원천적으로 쉽지 않은 가치관이나 이념일 수도 있다. 그런 것을 생각한다면 정보와 인식의 공유 더 나아가 컨센서스의 형성에 공직 리더나 위정자가 몰두하는 것은 너무나도 당연한 것이다.

조직 내에서 어떤 사안을 두고 구성원들 간의 의견이 심각하게 분열되는 것은 어느 조직이든 다 경험이 있을 것이다. 그때 누군가가 그 상황에 단면을 내고 개입하여 조사를 해본다면 상호 대치해 있는 그룹별로 기본 정보가 얼마나 서로 엇갈리고 있는지 놀랄 것이다. 평가나 의견이야 갈릴 수 있다고 하겠지만 객관적인 팩트fact 자체마저 매우 다르게 알고 있다는 사실을 알면 놀라지 않을 수 없을 것이다. 한마디로 기본적인 사실 정보마저도 제대로 공유되지 않았고 그런 바탕 위에서 소모적, 비생산적으로 갈등해왔다는 것을 알게 되는 것이다. 제3의 누군가가 개입하여 사실에 관한 기본적인 정보 몇 가지만 재확인하고 수정하는 단순한 노력만으로도 상황은 훨씬 개선이 될 것이다.

이제 사실의 차원을 떠나서 사실에 대한 평가나 인식, 그것에서 비롯된 전망 내지 청사진 등에 이르면 공유라는 것은 점점 어려운 과제가 된다. 여기에 조직의 리더가 가지고 있는 기본 인식과 역량이 매우 중요한 역할을 하게 되는 것이다. 리더가 조직 상황 앞에서 아무런 문제의식이 없이 사태를 방치하거나 오히려 스스로 앞장서서 편향된 인식을 야기하는 경우는 결코 드물게만 발생하는 것이 아니다. 오히려 어떤 리더도 흔히 그런 오류에 빠지고 있고 심지어 그런 오류에 빠져 있다는 사실 자체도 인식하지 못하는 경우가 허다하다. 심지어 어차피 컨센서스를 형성하기 어려운, 아니 오히려 의견의 분열이 불을 보듯 뻔한 과제를 스스로 제기해놓고 그 과제를 둘러싼 분란에 휩싸여 뭣 하나 제대로 추진하지 못하고 나날을 시달리는 어리석은 리더가 적지 않은 것이 우리 공직의 현실이다.

인식의 분열은 과제 자체에서만 오는 것이 아니라 조직운영에 있어서 리더의 비민주적 태도에서도 온다. 이를테면 조직의 수장이 중요한 의사결정을 내 권한으로 내가 알아서 한다는 생각이 조금만 강해도 종종 그 결정 배경을 전체 조직원들에게 상세히 알려주지 않아 그 타당성에 대한 인식을 제대로 공유하지 못하는 경우가 많다. 이런 현상은 조직운영에 있어서 너무나도 흔하게 편재되어 있기 때문에 그 문제성이 제대로 인식조차 되지 못하고 있는 것이 솔직한 현실이다.

국가의 아주 중요한 정책을 둘러싸고도 인식이 공유되지 못하는 경우는 많다. 넓게 잡는다면 한 나라를 경영한다는 것이 바로 전 국민을 상대로 이러한 인식을 공유해나가는 일, 즉 컨센서스를 형성해나가는 일이라 해도 과언은 아닐 것이다. 또 통치자의 역량이라는 것도 이렇게 나뉘어지는 인식을 하나의 틀로 묶고 권외로 벗어나기 쉬운 부분을 최소화해나가는 능력이라 할 수 있다.

돌이켜볼 때 나라의 위정자들이 이 단순하면서도 중대한 과제에 걸쳐 얼마나 어처구니없을 만큼 무지했는지를 알게 된다면 다들 놀라지 않을 수 없을 것이다. 조그마한 사실 정보에서부터 나라 상황에 대한 진지한 인식과 가치관에 이르기까지 그 대종을 공유하고 이윽고 거대한 컨센서스가 형성될 수 있도록 하는 것은 나라 경영의 성스러운 과업이다.

집단적 창의성을 찾아서

어떤 사안에 대하여 여러 사람들이 참여하여 집단적으로 논의할 때 더 합리적이고, 더 부작용이 적고, 더 기발한 아이디어가 나올 수 있다는 것은 조직생활을 해본 사람이라면 누구나 느낄 수 있었을 것이다. 소위 브레인스토밍brain storming 등이 그 대표적인 것이다.

조직의 리더는 조직의 활성화와 미래지향적 운영을 위해 일년에 한두 번 정도는 의도적으로 조직구성원들이 집단적 창의성Collective Ceativity을 발휘해볼 수 있는 장을 제공할 필요가 있다. 조직에 떠돌고 있는 몇몇 미해결의 과제들, 존재하고는 있으나 과제로는 떠오르지 않고 있는 잠복된 문제들, 이런 것들을 의식적 과제로 부상시켜 활발한 토론에 부쳐보는 것은 조직에 좋은 전기가 될 수 있다. 조직의 일상은 대부분 업무 분장의 벽에 갇혀 있어 그 벽을 넘어 조직의 중요 문제를 함께 고민하고 지혜를 모으는 것은 쉬운 일이 아니기 때문이다.

사실 워크숍이라는 이름 하에 갖는 행사들이 바로 그런 기회에 가까운 행사들이다. 그러나 그런 행사들의 대다수는 여전히 분장의 벽 안쪽에서 이루어지고 있고 흔히 형식적 의례적으로 치러지고 있는 것을 볼 수 있다. 분명한 목적과 그에 상응하는 컨텐츠가 준비되지 않은 상태에서 단지 구성원들 간의 친목을 위해 혹은 행사 그 자체를 위해 행사를 갖는 것은 이런 행사에 대한 기대감을 잃게 하고 불필요한 선입견과 실망만 안겨주기 십상이다. 그런 결과를 피하기 위해서는 조직의 리더나 기획담당자는 왜 그런 행사를 갖는지 목적이 분명할 때에만 행사를 가져야 하고 행사 운영 시에는 그 절차와 요령을 잘 알고 있어야 할 것이다.

브레인스토밍은 이런 모임에 있어서 매우 중요한 방법이 된다. 브레인스토밍의 요체는 어떤 목적을 위해 조직원들이 가지고 있는 사고력을 서로서로 자극해가며 최대한 좋은 생각이 발현될 수 있도록 한다는 것이다. 지혜의 상승相乘 작용 내지 시너지synergy 효과라는 것이 바로 그것이다.

하나의 생각이 다른 생각의 발판 역할을 하면서 각종 발상이나 판단이 한 사람이 혼자서 도달할 수 있는 영역을 훨씬 넘어선 영역까지 미치는 경우를 우리는 종종 경험한다. 이를테면 어떤 사안을 두고 복수의 선택지 앞에서 오랜 고민을 해오다 이런 집단적 토론에 사안을 회부한 경우를 생각해보자. 토론을 해보면 아주 간단하게 그들 선택지 중에서 어떤 것은 애초부터 실현 가능성이 없었던 방안으로 판정되기도 하고 또 어떤 선택지는 다른 선택지에 비해 확실히 우월한 선택지로 판정되기도 한다. 그때 우리는 종종 이렇게 말하며 만족스러워했던 것을 기억할 것이다.

"역시 여러 사람이 모여서 다양한 이야기를 나누어 보니 합리적인 결론에 도달하는군!"

브레인스토밍은 지혜의 상승작용이 최대한 발휘될 수 있도록 한다는 큰 방침에만 초점을 맞추어 진행하면 될 것으로 본다. 다시 말해서 알렉스 오스본Alex F. Osborn이 제시한 세부적인 방법론에 일일이 구애될 필요는 없다는 것이다. 왜냐하면 오스본은 어차피 광고회사의 간부로서 광고 효과를 목적으로 이 방법을 착안하고 개발하였기 때문이다. 상업적 목적과 시장적 특성이 반영된, 아이디어 개발 차원의 방법론에 지나치게 예속되는 것은 불필요하다고 본다.

다만 여러 가지 생각이 다양하게 표출되고 그것이 효과적인 상승작용을 하기 위해서는 제시된 아이디어에 대해 평가나 비판이 선행되어서는 안 된다는 그의 대원칙만은 반드시 지켜야 할 것이다. 특히 우리나라와 같은 조직 문화 풍토에서는 상급자가 발언시간을 독점한다거나 자신의 주장을 너무 강하게 내세우는 것은 아무리 강조해도 지나치지 않을 금기사항이다. 상급자가 중간에 끼어들어 논의를 자신의 생각 쪽으로 끌고 가거나 섣불리 평가를 내려 분위기를 냉각시키는 것은 흔히 볼 수 있는 우리나라 토론장의 비민주적 풍경이기 때문이다.

어쨌든 조직운영 과정에서 이런 집단적 창의성을 발휘해볼 기회를 적절히 배치하는 것은 단지 집단적 창의성을 추구한다는 미시적 목적을 넘어서 중요한 심층 커뮤니케이션의 장이 되거나 더 나아가 조직에 대한 애정과 참여의식이 육성되는 소중한 기회가 될 수 있다는 점을 조직의 리더들은 유념할 필요가 있다.

직무 분장에 관한 두 가지 태도

공직은 적절히 분장됨으로써 전문성을 살리고 동시에 하나의 지휘 속에서 전체와의 균형을 갖추게 된다. 새 정부가 들어서면 가장 먼저 하는 일도 정부조직법을 개편하고 해당 장관을 임명하는 것이다.

분장된 업무는 그것을 수행하는 공직자들의 업무수행 태도 또는 업무를 지시하는 수장의 태도에 따라 소극적으로 수행되기도 하고 적극적으로 수행되기도 한다. 업무가 너무 소극적으로 수행되다 보면 공백이 생기기 쉽고 너무 적극적으로 수행되다 보면 충돌이 발생하기 쉽다.

소극적 수행의 결과는 업무 회피로 나타나고 그것은 소위 핑퐁이라는 현상을 불러온다. 담당자 간, 부서 간, 부처 간에서도 핑퐁은 흔히 이루어지고 있다. 핑퐁은 과중한 업무를 담당하지 않으려는 태도나 책임이 뒤따르는 업무에 있어서 책임을 지지 않으려는 태도와 관련되어 있는 것이 보통이다. 공직자들 중에는 이런 책임 회피와 보신이 철저히 체질화된 사람이 있어 이들의 주변에서 자주 핑퐁이 발생한다.

그런가 하면 분장된 업무를 지나치게 적극적으로 해석하는 경우에는 월권이라는 현상이 나타난다. 월권은 업무 회피와 반대로 업무에 욕심이 많은 사람이나 자기과시욕 내지 출세 지향이 강한 사람을 둘러싸고 이루어진다. 그 형태도 다양하여 자신의 권한을 넘어 타인 또는 타부서의 권한을 노골적으로 침범하는 형태가 있는가 하면 자신의 권한을 확대해석하여 묘하게 조직 내부에서 권력을 행사하는 형태도 있다. 박정희 정권의 마지막 경호실장 차지철은 경호권 하나로 사실상 정치권력의 전 분야에 영향력을 미치려 했던 것은 유명한 이야기다.

업무 회피와 월권은 어제 오늘의 일이 아니다. 옛날 전국시대 이야기다. 한韓나라 소후昭侯가 술에 취해 잠이 들었을 때 측근인 전관典冠(임금의 관을 담당하는 신하)이 임금의 옷으로 임금을 덮어주었다. 잠에서 깬 소후는 누군가가 자신을 덮어주었다는 사실에 감복하여 누가 덮어주었는지를 물었다. 측근이 "전관이 덮어 드렸습니다" 하고 대답했다. 임금은 바로 전관과 전의典衣(임금의 옷을 담당하는 신하)를 모두 벌하였다. 처벌의 이유는 전의는 직무유기, 전관은 월권이었다.

그러나 이 고사가 법가의 대표적인 전적 『한비자』에 나온다는 것을 감안할 필요가 있다. 한비자는 자신의 직무를 철저히 지키는 것의 중요성을 강조하고 있지만 역시 법가다운 경직성을 보여주고 있다. 법가의 원칙은 혼란과 무질서를 수습하는 데에는 나름대로 역할을 하지만 나라를 정신적으로 통합시키고 자발적인 동력을 부여하는 데에는 전적으로 무력하다는 것을 알 필요가 있다.

업무 회피는 자신에게 돌아올지도 모르는 부담이나 문책을 어떤 것보다 우선적으로 고려하고 있다는 점에서 문제가 된다. 또 이런 자세는 업무 수행 중 발생하는 소소한 잘못을 지나치게 엄하게 다루는 데에서 비롯된 것일 수도 있다. 특히 조직 수장이 자칫 자신에게 돌아올 수도 있는 어떤 책임을 회피하기 위한 방안의 하나로 휘하 직원에 대해 엄한 문책을 하는 경우가 있다. 그런 사례가 두 번만 반복되어도 그 조직에서는 광범위한 업무 회피, 책임 회피가 만연한다.

유가적 전통에서도 직무의 영역이나 경계선은 중요하게 다루어지지만 외형적인 것보다는 실질적인 것을 중요시하는 전통 때문에 법가에 비해 영역이나 경계선의 해석은 훨씬 유연한 것이 사실이다. 특히 내용으로 들어갈 때 더욱 그러하다. 어떤 업무가 내용상 다른 업무와 본질적으로 전혀 연관되지 않을 수 있을 것인가? 외형적으로는 나누어지더라도 진정한 관심을 통해서 보면 모두가 서로 만나게 되는 것이다. 그러므로 진정한 유가적 전통에서 본다면 업무는 늘 어느 정도 중첩되고 상호 관심과 협조를 통해 원활하게 추진되는 것이 원칙이다.

나의 책임 영역에 대해서만 촉각을 곤두세우고 남의 책임 영역에 대해서는 철저히 오불관언하는 태도는 조직의 유기적 작동에 치명적 저해요인이 된다. 그런 태도가 결과적으로 자신의 책임 영역에 대해서만이라도 완성도 높은 성과를 거둘 수 있다면 다행이겠지만 모든 업무의 궁극적 연관성에 기해 바라볼 때 절대 그런 성과를 만들지 못한다는 것이 문제인 것이다.

바람직한 태도는 그러면 어떤 것일까? 공직자는 자신이 몸담고 있는 조직의 모든 업무에 대해 진지한 관심을 가지고 있어야 한다. 설혹 자신이 직접 개입할 수 없는 업무라 하더라도 그런 기본자세가 결여되어 있으면 자신의 업무도 제대로 할 수 없다는 것, 만약 자신의 책임 영역에 대해 궁극적 책임감을 가지고 진지하게 임한다면 그것은 저절로 다른 사람의 업무영역에 대해서도 깊은 관심과 의욕을 가지지 않을 수 없게 된다는 것을 우리는 경험을 통해 깨닫곤 한다.

만약 한 조직의 간부가 더 높은 직위로 승진해야 한다면 어떤 간부가 승진을 해야 할까? 이 문제를 두고서도 결국은 자신의 현재 직무에서 주변을 아우르는 더 큰 업무영역에 진지한 관심을 가지고 지켜보고 고민하고 열정을 표해보았던 사람이 그 더 큰 영역을 맡는 것이 당연하지 않겠는가?

6

영원한 공직

가장 기초적인 것 안에
가장 중요한 것이 있다

무엇을 할까 하는 물음 앞에 섰다면 공직자는 그 제도 또는 그 단위 사업의 근본적인 지향과 취지, 이념의 자리로 돌아가야 한다. 왜냐하면 근본적인 취지와 이념의 자리가 바로 그 분야의 정도正道가 제시되는 자리이기 때문이다.

근본 자리! 그것은 대부분 너무나도 단순한 모습을 하고 있다. 그것은 중학생이면 이해할 수 있는 제도적 취지를 보여주고 있다. 그 때문에 대부분의 사람들은 오히려 그 단순함이라는 외형으로 인하여 그 단순함의 가치를 간과하고 만다. 그래서 이런 단순한 물음의 자리로 당당히 걸어 들어갈 수 있는 사람은 의외로 많지 않다. 그것은 중학생이면 이해할 수 있는 것이지만 그 분야에서 산전수전을 다 겪었다고 자부하는 사람이 당연히 접근할 수 있는 것은 아니기 때문이다.

도대체 무슨 초등학교 교과서 같은 막연한 이야기를 하느냐고 한다면 당신은 공직자로서 아직까지 제대로 된 고민을 해본 적이 없는 사람일 가능성이 많다. 정부의 수많은 정책과 사업을 돌아보면 이 근본과 기초를 망각한 것들이 너무나도 많다. 교육 정책인데 그 가운데에 교육이 없고 복지 정책인데 그 가운데에 복지가 없고 문화정책인데 그 가운데에 문화가 없고 통일정책인데 그 가운데에 통일이 없다면 이해가 될 것인가? 기본적으로 있을 수 없는 일일 것이다. 그런데 그런 있을 수 없는 사태가 현실 속에는 허다히 전개되고 있다. 잡다한 이해관계에 얽혀 근본과 기초를 망각하고 소로로 접어들어 엎치락뒤치락하다 보면 자신도 모르게 그런 기막힌 행보를 하게 되는 것이 나라의 행정의 웃지 못할 현실이다.

그러므로 그 단순함을 잃지 않고 붙잡을 수 있는 것은 매우 특별한 능력을 요한다. 직위가 높아져 직무가 더 포괄적이 될수록, 책임의 영역이 더 커질수록, 놀랍게도 그것은 더욱 더 단순해진다. 그러므로 그 단순함을 감내할 수 없는 사람은 그 자리를 떠날 때까지 번다한 현안에 포위되어 비생산적으로 꾸무럭거리게 되는 것이다. 주사 장관이라는 말이 나오는 이유도 바로 그 때문이다. 그와 달리 그 단순함 속에 진입하고 또 그것을 감내할 수 있는 사람이라면 그는 매우 우수한 공직자임에 틀림없다. 그리고 그 단순함 속에서 무엇을 해야 할지 답까지 찾았다면 그는 매우 비범한 공직자임에 틀림없을 것이다.

그러므로 공직 내에서 공직자의 지위가 올라가면 올라갈수록 그는 더 많은 것을 관장하게 되는 것이 아니라 오히려 더 많은 것을 내려놓게 된다. 그리고 더 적고 단순한 것만을 그는 관장하게 된다. 단순한 것, ABC와 씨름하는 새로운 능력이 필요하게 되는데 모든 고위 공직자가 그것을 감당해내지는 못한다. 적지 않은 고위 공직자들이 자신이 새롭게 담당해야 할 그 '기본의 세계'를 발견하지 못하고 더 많은 업무의 더미 속을 이리저리 헤매고 다니는 것을 볼 수 있다.

이를테면 체코의 대통령을 지냈던 바츨라프 하벨이 대통령 재임 시 국가통치의 기본으로 강조한 것은 단지 "존엄 속에서의 삶"이었다. 사실 공직의 가장 높은 영역이라 할 수 있는 최고 통치자의 입장에서 국가 영위의 기본은 이 정도로 단순하고 기초적이어야 한다. 지구상에 여러 국가수반들이 있었지만 그런 모습을 보일 수 있었던 수반은 결코 많지 않았다.

해야 할 일뿐만 아니라 복잡하게 전개된 일을 풀어나가는 것 역시 가장 기초적인 것 안에 해법이 있다. 산 속에서 길을 잃었다면 누구나 태양의 위치를 통해 방위부터 찾지 않겠는가? 이것저것 온갖 것들이 꼬이고 이해관계가 얽히고설키고 이러지도 저러지도 못할 지경으로 뒤범벅이 되어 있다면 타개책 또한 가장 기초적인 데에서 나온다.

근본을 돌아보는 자세가 되어 있다면 매사의 결론은 의외로 명쾌하다. 어려움은 당신이 바라보고 있는 저곳에 있는 것이 아니라 어쩌면 근본과 기초를 잊고 있는 당신의 의식 안에 있을 수 있다는 것을 명심하자. 어떤 제도도 그다지 예외적인 조건하에 있는 것을 나는 별로 보지 못하였다. 만사가 다 같다. 예외는 없다. 교육이든 환경이든 국방이든 제아무리 별난 분야든, 중학생이면 주워섬길 수 있는 가장 기초적인 것 안에 가장 중요한 것이 있다.

어려운 일은 어렵게 하라

나라에 있어서나 공조직에 있어서나 어려운 일이라는 것은 항상 있게 마련이다. 어려운 일은 무언가를 선택하는 일일 수도 있고 어떤 결과를 만들어내는 일일 수도 있다. 그러나 유형에 관계없이 어려운 일을 성공적으로 수행하는 가장 훌륭한 방법은 그것을 어렵게 하는 것, 다시 말해서 어려움을 겪어가며 수행하는 것이다.

이 이야기는 괴변처럼 들릴 수도 있을 것이다. 어려운 일이야 어차피 어려운 일인데 그것을 어렵게 한다는 것이 무슨 특별한 공이 되겠는가 할 수 있기 때문이다. 오히려 어려운 일을 쉽게 처리하는 묘방을 찾아 제시한다면 그것이야말로 능력이고 주목에 값하는 것이 아니겠는가 하는 항변이 나옴직하다. 그러나 우리가 공사간의 모든 일들이 움직이는 과정과 그 결과를 진지하게 관찰해보면 이 방안 같지 않은 방안이 오히려 묘방이라는 역설을 깨달을 수 있을 것이다.

이를테면 조직 내부의 대표적인 어려운 일로 여러 이해관계 부서의 동의와 협력 하에 추진해야 하는 일이 있다. 당연히 그 과정은 번거롭고 순조롭지 않을 가능성이 많다. 그렇다고 해서 그것을 손쉽게 추진하기 위해 최종 결정하는 부서에서 필요한 사전 협의를 생략하고 날치기하듯 의사 결정을 해버린다면 어떻게 될까? 우리의 경험상 그런 조치는 대부분 더 나쁜 결과와 많은 후유증 그리고 긴 조직 내 갈등을 유발하게 되는 것이다.

국가적 차원에서도 마찬가지다. 최근 5년 사이에 심각한 사회적 갈등을 유발한 정책 결정이나 사업추진 과정을 들여다보면 놀랍게도 대부분 어려운 일을 쉽게 추진하려다가 발생하였다는 공통점을 발견할 수 있다. 물론 추진하는 쪽에서는 '쉽게'라는 표현에 동의하지 않을는지도 모른다. 그들은 아마 '과감히'라는 용어를 더 좋아할 것이다. 그리고 그것이야말로 왜 많은 공조직이 그런 실수를 되풀이하여 저지르게 되는지를 말해주는 한 이유이기도 하다.

모든 정책의 결정이나 사업의 추진에는 수많은 관련자들이 있게 마련이다. 그 관련자들과는 충분한 사전 협의를 거치는 것이 일의 원칙이다. 때로는 그 협의 과정에서 동의가 이루어지지 않아 일이 무한정 지체되는 경우도 생기고 완강한 반대에 부딪쳐 도무지 합의가 이루어지지 않는 경우도 발생할 것이다. 그러므로 나는 반드시 동의를 얻어야 한다고 주장하는 것은 아니다. 최악의 경우에는 동의를 얻지 못하더라도 마지막에는 직권을 발동하여 결정하는 경우도 있을 것이다. 다만 그 과정이 어렵다고 하여 그 과정을 생략하고 몰래 도둑질 하듯 결정을 하거나 숙의를 할 시간적 여유를 주지 않고 지름길로, 전광석화처럼, 날치기하듯 추진하는 것은 반드시 좋지 않은 후유증을 얻게 된다는 것을 모든 공직자들이 명심할 필요가 있다는 것이다.

공자는 "선난이후획先難而後獲"이라고 하였다. 먼저 어려움을 겪고 그러고 나서 얻으라는 것이다. 어려운 일을 어렵지 않게 얻으려 하는 데에서 모든 병통이 시작된다. 이것은 비단 공직사회에서만 적용되는 것이 아니다. 민간조직에서도 마찬가지고 더 원초적으로는 모든 인간사의 원칙이기도 한다.

가을의 풍성한 수확을 위해서는 봄에 씨를 뿌리고 물을 대고 김을 매고 거름을 주고 여름의 폭우와 가뭄을 견디고 그리고 나서 가을을 맞아 수확하는 것이 대지에 발붙이고 사는 인간의 올바른 경영법이다. 그 어려운 과정을 거치지 않고 같은 결과를 얻으려 하면 결국 남의 곳간을 터는 도둑이 되는 수밖에 없는 것이다. 도둑뿐만 아니라 이 땅을 가득 채우고 있는 수많은 사기꾼, 강도, 기타 범법자들이 대부분 그렇게 필요한 어려움을 생략하고 손쉽게 결과를 얻으려는 데에서 생겨나고 있는 것이다.

어려운 일은 어렵게 처리하라. 어려운 일을 쉽게 하려 하지 마라. 첩경을 찾지 않고 그 과정을 어려운 대로 묵묵히 밟아가는 데에서 모든 사람들이 마음을 여는 덕德이 생성한다는 것을 모든 공직자들은 유념할 필요가 있다.

국익의 빈곤

국익이라는 말이 널리 쓰이고 있다. 정치나 외교 분야에서도 많이 쓰이고 사회, 경제적 담론에서도 많이 쓰인다. 이 말이 주는 느낌은 대부분의 국國자 붙은 말들이 그렇듯 어딘가 모르게 보수적으로 균형 잡힌, 다소 무거운 관념의 덩어리라는 느낌이다. 국익이라는 개념에 어느 정도 긍정적 역할과 기능이 있다는 것은 부인할 수 없을 것이다.

이 말이 사회적 개념으로 활발히 쓰이기 시작한 것은 대략 70년대 후반부터였던 것 같다. 집단 이기주의라는 말이 생겨나기 시작했고 실제 이익집단들이 목소리를 높여가던 당시, 국익은 그런 상호 대립하는 이해관계의 조정 범주로서 근엄하게 등장하였던 것이다. 지금은 나라 제도와 관련하여 우후죽순처럼 나타난 각종 위원회의 구성을 보면 다양한 이익집단의 대표들 사이에 이른바 공익대표라는 사람들이 있어서 이해관계의 조정자 역할을 수행하는 것도 낯익은 광경이 되었다.

국익이 상충하는 이해대립에 있어서 조정자 역할을 수행하는 것은 국익 안에 국가나 국민이라는 더 큰 범주가 기준으로 작용하고 있기 때문이다. 국가나 국민은 그보다 더 작은 개념들, 이를테면 정당이나 지역사회, 동업자 조합, 대기업, 노동단체 등에 대해서는 일정한 판단기준의 역할을 하는 것이다. 그 기준은 모호하기는 하지만 매우 절대적이고 자기충족적self-sufficient이다. 국가와 국민은 흔히 스스로를 절대적이고 자기충족적인 표현으로 나타낸다. 헌법은 "대한민국은 민주공화국이다"고 언급함으로써 국가로서의 대한민국을 무조건의 주어로 제시하고 있다. 또 "모든 권력은 국민으로부터 나온다"고 하여 역시 국민을 제일의적第一義的 실체로 다루고 있다. 이러한 현상은 지난날 군국주의 일본의 경우에서 가장 극단적인 사례를 보여주고 있는데 멸사봉공滅私奉公이라는 그로테스크한 구호를 내걸기도 했던 일본 군국주의에서 국가는 거의 신의 차원으로까지 격상되는 현상을 보여준다.

국가와 국민은 그런 권위와 위상에 기대어 상대적으로 더 작은 내부 영역들에서 야기되는 여러 가지 편향된 주장을 반성시키고 통제하는 틀로 작용하고 그 점에서 긍정적 의의를 가지고 있다. 그렇지만 국가와 국민이 그 스스로를 반성하는 경우는 매우 드물다. 그것을 반성한다는 것은 심지어 불경한 것처럼 받아들여지고 있다. 국익이라는 말의 권위와 힘도 바로 이러한 여건을 바탕으로 한 것이다.

그러나 국익은 개인이나 이익집단들로 하여금 갈등하지 않고 공존하는 틀을 제공한다는 긍정적 의의를 받아들이더라도 그다음 단계에서 바로 문제점을 드러낸다. 다시 말해서 국익은 규모만 다를 뿐 개인이나 이익집단의 관심과 동질적인 것들로 구성되어 있다.

마치 바위가 모래나 자갈과 크기에 있어서는 서로 다른 것이지만 질적으로는 동일한 것과 같다. 그 때문에 국익은 개인이나 이익집단의 관심사를 평균성에 기하여 양적으로 조정하는 역할을 수행할 수 있을지는 몰라도 그것을 질적으로 지양하는 데에서는 한계를 가진다. 더 나아가 국가와 국민이 나치 치하의 독일에서와 같이 '피와 땅 Blood and Soil'의 신화와 결합할 경우 그것은 그 자체로서 악마적 요소가 될 수도 있는 것이다. 국익을 둘러싸고 우리가 크게 착각을 하는 것이 바로 이 부분이다. 단지 조정할 뿐인 역할을 우리는 지양하는 것으로 잘못 받아들이는 경우가 많은 것이다.

거기에는 약간의 이유가 있다. 개인 또는 소집단 차원의 이익추구에 얽힌 도덕적 문제는 흔히 거대집단화 과정을 경유함으로써 희석된다는 사실이다. 아이들은 부모가 지적하는 잘못을 피하는 방법으로 종종 이렇게들 이야기한다. "우리 반 아이들도 다들 그러는 걸!" 누구나 그런다는 사실은 개인에게 물어야 하는 책임을 가볍게 하는 것이다. 국가는 이 희석에 있어서 매우 효과적인 틀을 제공한다. 이를테면 선진국이든 후진국이든 경제발전을 위한 노력은 아무 조건 없이 최대의 관심사가 되고 목표가 된다. 그것이 가지는 인간적 의미나 문화적 제약, 인류사적 성격 따위는 웬만해서는 관심거리조차 되지 못하는 것이 보통이다.

그러나 국가단위의 거대집단화가 모든 것을 끝까지 가려주지는 못한다. 질적인 한계는 역시 도처에서 스스로를 드러내게 되는 것이다. 이를테면 국익은 개인이나 이익집단들의 문제와 관련하여서 다루어질 때에는 나름대로 권위와 위상을 지닌다. 그러나 국제사회, 다시 말해서 국익이 역시 개별적인 단위로 다루어질 수밖에 없는 상황에서는 그 초라한 면모를 더 이상 감추지 못하는 것이다. 이라크전 참전이 우리나라의 '국익'을 위하여 어쩔 수 없는 선택이었다고 이야기할 때 이미 국익은 그 초라한 모습을 숨김없이 드러내었다.

우리나라만 그런 것이 아니다. 미국이 '미국의 국익National Inter-est'이라는 말을 사용하기 시작한 지는 이미 오래 되었다. 나의 기억에 따르면 그것은 '자유Liberty'라는 말이 미국 사회에서 더 이상 의미 있는 울림을 갖지 못하게 되어가던 시기에 맞닿아 있다. 이를테면 이라크전은 바로 이 철 지난, 허울만의 '자유'와 저 성분 미상의 '국익'이 뒤엉켜 연출된 것이다.

반세기 전까지만 하더라도 자유는 낡은 유럽의 강박적 나치즘이나 안티체제로서 굳어져가고 있던 코뮤니즘의 폐쇄적 성격에 대하여 어느 정도는 새로운 가치와 열린 지평을 의미하는 것이었다. 그러나 그 자리에 대신 들어선 국익은 무엇인가? 그것은 이제 더 이상 추구할 만한 이념도 가치도 사라져버린 빈자리를 지칭하는 것밖에 달리 무엇인가? 그리고 그 빈 자리에서 산낙지의 잘린 다리처럼 흉측하게 꾸물거리고 있는 맹목적 이利(Interest)밖에 달리 무엇인가? 그런 것이 한 나라의 좌표처럼 제시되고 더 나아가 이 지구촌 시대의 보안관을 자임하는 나라, 미국의 캐치프레이즈가 되어 있다는 것은 참으로 서글픈 일이 아닐 수 없다.

국익. 그것은 올려다보는 한, 외외하고 거대하고 엄정해 보이는 것과 달리 내려다보는 한, 초라하고 빈곤하고 누추하다. 그러므로 그것을 올려다보아야 할 위치에서는 의미 있고 역할이 있는 것이지만 내려다보아야 할 위치에서는 맹목적이고 허무한 말이다. 그것은 한 인간의 세속적 욕망과 마찬가지로 이제 비로소 평가되고 지양되어야 할 무엇이지 결코 스스로 존재하고 스스로 정당한 제일의적 실체가 아니다. 국익은 그런 것이다.

모든 공직자들이 아무 생각 없이 받아들이기 쉬운 이 범주는 결코 절대적 범주가 아니다. 그것은 신중히 고려되어야 할 중요한 범주임에는 틀림없지만 더 중요하고 보편적인 가치에 비추어 그 실질을 늘 돌이켜보지 않으면 안 되는 상대적 범주라는 것을 공직자들은 생각할 필요가 있다.

위험한 공권력 만능주의

모든 공조직은 국가의 권력을 분장分掌하여 행사하는 조직이고 공직자는 그 행사를 담당하는 사람이다. 나누어진 권력 즉 권한은 강력하고 날카롭기가 칼과 같아서 잘 쓰면 이기利器이지만 잘못 쓰면 누군가를 다치게 할 수도 있는 흉기凶器가 된다. 그런 의미에서 권력을 분장하고 있는 공조직이나 공직자는 무엇이 옳고 합리적인 것이냐 하는 것에 투철하지 않을 수 없으며 그것만을 모든 판단의 기준으로 삼아야 한다. 분장된 권력, 즉 직권이 공조직의 전면에 표방되고 공직자의 의식을 주로 지배한다는 것은 매우 위험하고 불길한 것이다.

　그 점에서 국가 기관이 공권력이라는 말을 자주 쓰는 것은 그다지 좋은 현상은 아니다. 공권력이라는 말을 자주 쓴다는 것은 그 국가가 존립의 궁지에 몰려 있거나 국민의 신뢰는 받지 못하고 있거나 국민과 대치상태에 있음을 가리키는 지표라 해도 과언이 아니다. 국가의 모든 조직은 국민에 대하여 그 임무와 책임으로 인식되어야지 권한이나 강제력으로 인식되어서는 안 된다. 자유당 말기 부통령 이기붕이 4·19의 저항에 직면한 경찰조직에 대해 "총이란 쏘라고 준 것이다"고 한 것은 전형적으로 국가의 조직을 권한으로 인식한 경우라 할 수 있다. 자유당 말기나 공화당 말기가 모두 국가 조직이 그런 막다른 인식으로 몰려갔고 그 결과는 비극으로 나타났다.

공조직의 수장이나 주요 간부가 직권이라는 말을 자주 쓰는 것도 마찬가지다. 대내적으로 직권이라는 말을 자주 쓴다면 그는 조직원들과 공감 속에서 일을 하지 못하고 있음을 드러내는 것이다. 조직 내에서 수장이나 간부도 그 역할과 책임으로 인식될 필요가 있다. 여차하면 가지고 있는 직권으로 조직구성원들을 강제할 수 있는 사람이라는 인식을 가진다면 그는 이미 실패한 공직자라고 해도 과언이 아니다.

민주주의의 국가에서 법률상으로 정해진 직무상의 권한은 결코 만능이 아니다. 법률적으로 어떤 권한이 어떤 공조직의 권한으로 되어 있다고 하여 그것을 절대시한다면 그것은 법가적 사유에 기대는 것으로 결코 민주주의의 원칙이 아니다. 그러므로 가능하기만 하다면 민주사회의 공직자는 자신의 직권을 전혀 의식하지 않고 행동하는 것이 바람직하다. 국민을 의뢰인이라 한다면 공직자는 의뢰를 받은 사람에 지나지 않기 때문이다. 국민으로부터 일정한 일을 의뢰받은 사람이 국민을 상대로 그 일과 관련하여 직권 운운 하며 위협적 발언마저 서슴치 않는다면 그것은 이른바 주객의 전도가 아닐 수 없다. 모든 공직자들은 직권이나 권한에 대한 의식을 떨치고 국민에 대한 의무감과 책임감 그리고 공의公義를 실천한다는 자긍심만으로 만사에 임하는 것이 원칙이다.

직권 만능주의, 공권력 만능주의라고 할 기이한 신념을 가진 공직자들이 더러 있다. 이들은 걸핏하면 민주주의의 과잉이니 민주주의의 폐단을 이야기한다. 사익을 앞세워 공익을 저해한다고 생각하는 것이다. 종종 개발지역을 둘러싼 주민과의 대치에서 그런 신념의 대치를 발견한다. 공권력 만능주의자의 신념에서 보면 말이 안 되는 일처럼 보인다. 그러나 계란과 바위가 맞부딪치는 것과 같은 그런 대치상태에는 대부분 인류 문명의 차원에서도 해결되지 못하고 남겨진 심각한 과제가 내재해 있는 경우가 대부분이다. 그것을 본다면 신중해지지 않을 수 없지만 그것을 보지 못하면 여전히 어처구니없는 행패가 될 것이다.

공기관이 공권력을 의식하고 그 사용의 유혹을 받는 순간은 신중하고 신중하지 않으면 안 된다. 알지 못하는 것은 용서받을 수 있지만 신중하지 못한 것은 용서받을 수 없다. 민주주의 국가에서라면 특히 그렇다. 법률은 사회의 유지를 위하여 단지 하한선으로 직권을 규정하고 있을 뿐이다. 그런 의미에서 직권을 발동하는 것은 원칙이 아니라 극히 불가피한 경우에 예외적으로 적용하게 되는 변칙이다. 직권을 발동할 때는 그것이 원칙이 아니라는 것을 깊이 인식하고 있어야 한다. 변칙을 원칙처럼 생각하면서 눈만 뜨면 직권, 입만 열면 공권력 운운하는 일부 공직자들을 볼 때마다 이 땅의 위험한 공권력 만능주의를 우려하게 된다.

공직자의 사명감을 사줄 줄 아는 나라

나라 공직자들에 대하여 열정이 없고 사명감이 부족하다고 질타하는 경우가 많다. 물론 이는 상대적인 입장에서 하는 말이다. 즉 열정과 사명감의 수준이 기대에 비해 미치지 못하니 그런 말이 나오는 것이다. 그러나 기대라는 것은 어쩌면 선입견일 수도 있다. 한번쯤은 그들의 열정이나 사명감에 대해서 기대라는 선입견을 벗어나 객관적으로, 다시 말해서 공직자들 자신에 '즉응하여' 생각해볼 필요가 있다. 그러면 이 땅의 공직자로서 제 나름의 열정과 사명감에 휩싸여본 적이 없는 공직자도 거의 없다는 사실을 발견할 수 있을 것이다. 애정을 가지고 바라보면 의외로 많은 공직자들이 그들 나름의 열정을 안고 사명감 속에서 열심히 일하는 감동적 순간을 목도할 수가 있다.

개인적인 경험을 이야기하자면 나는 현장에서 공직자들의 남모르는 사명감을 대하고 거의 눈물겨운 심경이 되곤 했던 기억이 적잖이 있다. 관료들이 자신의 직무와 관련하여 깊은 사명감을 느끼는 순간은 그야말로 '진실의 순간Moments of Truth'이다. 그 순간은 잦지도 않고 또 오래 지속되지도 않는 경우가 많지만 분명히 존재하며 어떤 시간, 어떤 공간에서 그들의 마음을 뜨겁게 고양시키곤 했던 것이다. 그 진실의 순간은 주변의 몰이해와 갖가지 현실적 여건으로 인하여 대부분은 이리저리 휘둘리다가 무산되고 마는 것이 보통이다. 그럼에도 불구하고 그런 순간은 있고 그 순간은 바로 우리가 이 땅의 공직자들에게 간절히 바라던 바로 그 모습이라는 것도 분명한 사실이다.

어떤 사익을 위해서도, 자신의 영달을 위해서도 아니었다. 적어도 그 순간만큼은 오직 국민의 복지와 나라의 미래를 위하여 열정에 몸을 떨었던 것이다. 적어도 이 땅에 공직자로 일하고 있는 사람이라면 누구나 여기서 말하고 있는 그 진실의 순간을 알고 그 순간이 어떤 시간인지를 이해할 것이다. 그때 그런 진실의 순간들을 놓치지 않고 정확히 관찰한 사람이라면 이런 생각을 해보게 되지 않을까?—누군가가 저들의 진실, 저들의 열정과 사명감을 제값을 치르고 사주어야 하지 않겠는가, 하고 말이다.

그렇다. 그것을 한때의 일시적 열정으로 무산시키지 않고 국가의 든든한 공적 자산으로 발현시키기 위해서는 누군가가 그것을 사주어야buy 하는 것이다. 그러나 매우 역설적인 현상이기는 하지만 우리나라 권력자들은 그것을 정확히 관찰할 줄도 몰랐고 따라서 그에 정당한 값을 치르고 사줄 줄도 몰랐다. 정치인 출신의 대통령들일수록 직업관료들의 이런 측면을 정확히 볼 줄 몰랐다는 것은 매우 아이러니컬한 현상이었다. 그들은 민주주의를 발전시키는 데에 비할 바

없이 큰 업적을 이룬 사람들이었지만 그 문제에 걸쳐서는 대개 공직자들을 불신하고 그들의 역할과 사명을 부정적인 시각으로 바라보는 경향이 많았다. 정치인으로 살아온 그들의 편향된 경험이 행정관료들을 단지 명령에 복종하고 시키는 일이나 꾸벅꾸벅 하는 소신 없는 사람들로 여기게 하였던 것이다.

기업인 출신의 대통령은 다소 방향은 달랐지만 공직자들을 불신하고 긍정적으로 이해해주지 않은 점에서는 크게 다르지 않았다. 이것은 공직자들의 긍정적인 모습을 제대로 관찰하기 위해서는 그에 걸맞는 정확한 각도가 필요한데 그 각도를 유지하기가 쉽지 않음을 말해주는 것이다. 그 점에서 오히려 군인 출신의 대통령들이 관료에 대한 한 불신이 상대적으로 적었고 직업관료들을 나름대로 이해하고 대우할 줄 아는 대통령들이었다. 왜냐하면 그들은 군이라는 특수영역에서나마 공직의 경험을 가지고 있었기 때문이다.

대통령은 재임기간 동안 마치 자신이 모든 일을 주관하고 모든 일을 계획하고 추진하는 것처럼 생각할지 모르나 실은 눈에 띄거나 띄지 않는 많은 일들이 대통령의 기획과 주도적 통제 밖에서 이루어지고 있다. 그것을 무수한 관료들이 도맡아 수행하고 있는 것이다. 대통령이 단지 무수한 공직자들의 마음속에서 깃든 저 사명감을 감싸고 키워주는 것만으로도 그것이 무산되지 않고 한 시대의 보이지 않는 역량으로 모아져 발휘된다는 것을 알아야 한다. 많은 관료들이 높은 사명감을 가지고 있다. 이들을 믿고 이들에게 기회를 부여해주고 이들이 하는 말을 경청해주는 것만으로도 그 사명감이 육성되고 서로 엉켜 무성해질 수 있는 것이다.

어떻게 보면 다수의 집권자들은 공직자들의 있는 열정과 사명감을 무시한 채 자신들의 편견과 고정관념에 입각한 열정과 사명감을 내놓으라고 공직자들에게 퉁명스럽게 강요했던 것은 아닐까 생각해 볼 필요가 있다.

나는 어떤 경험 많은 국가 지도자가 있어 현재의 우리 공직자들이 스스로 가지고 있는 열정과 사명감의 존재와 발현 양상을 정확히 인지하고 그것에 긍정적 눈길을 주고 그것을 잘 육성한다면 머지않아 그것이 요원의 불길처럼 타올라 나라 경영의 두터운 밑거름이 될 수 있다는 것, 그리고 우리나라 모든 공직자들은 그런 자질, 그런 불씨를 부족함 없이 가지고 있다는 것을 정말로 말해두고 싶다.

국사교육의 필요성

오래 전이지만 나는 서로 다른 두 정부 중앙부처의 초급간부 두 명과 만난 적이 있었다. 무언가를 기다리던 약간의 대기시간에 우리는 우연히 고려시대의 어떤 제도에 대해 이야기를 나누게 되었다. 너무 오래되어 그 제도가 어떤 제도였는지도 잊어버렸지만 나는 이 두 초급간부들이 얼마나 열정적으로 그 이야기를 나누는지 옆에서 지켜보며 커다란 감동을 받았던 기억이 난다. 그때 나는 이들이 나라의 역사를 공부하고 이런저런 제도의 성패를 배우고 생각할 기회를 갖지 못했더라면 이런 대화가 가능할까? 또 그 연장선상에서 오늘 이 나라의 공무에 대해 이들이 가지고 있는 열정과 고민이 과연 그 모습 그대로 주어질 수 있었을까 하는 생각에 가슴이 뭉클했던 기억을 지금도 간직하고 있다.

나는 우리나라 공직자들에게 무엇보다 역사교육이 필요하다는 것을 힘주어 강조하고 싶다. 나라의 오늘이 있기까지 나라가 어떤 역사적 과정을 거쳤는가 하는 것을 아는 것은 한 나라의 공직자로서 꼭 필요한 것이지 선택적인 사항이 아니다. 나라의 과거를 아는 것과 모르는 것이 어떤 차이가 있는지를 의외로 많은 사람들이 모르고 있다. 공직자가 자신이 간여하고 있는 공간적 범주인 나라에 대해 애정이 없다면 어떻게 보람 있는 공직생활을 영위하겠는가.

역사를 아는 것은 그 역사를 공유하고 있는 민족 내지 국가에 대해 애정이 발로하는 기초다. 그래서 나는 모든 공직 채용시험의 최종 시험과목에 반드시 국사를 포함시켜야 한다고 주장한다. 그것도 형식적으로 대충 치르는 과목이 아니라 행정 시험에 통과하려면 가장 신경을 쓰고 많은 시간을 투입해야 하는 필수과목으로 말이다. 행정법, 민법은 차라리 몰라도 된다. 그것은 필요하면 나중에 배워도 늦지 않기 때문이다. 그러나 자신이 바야흐로 봉사하려는 사회의 역사를 제대로 배우지 않고 어떻게 그 사회에 대해 애정을 가질 것인지, 그 점을 소홀히 하고 있는 현 단계 국가 공직관리 시스템이 도무지 이해가 되지 않는다.

공직관리 시스템이 국사교육을 소홀히 하고 있는 데에는 몇 가지 잘못된 생각이 개재해 있는 것 같다. 첫째, 나라의 역사에 초라하고 마음 아프고 부끄러운 것이 너무 많다는 것이다. 자부심을 느낄 만한 요소가 거의 없는 국사라면 구태여 그것을 가르쳐서 무엇 하겠는가 차라리 모르는 것이 낫지 않겠는가 하는 생각이 있는 듯하다. 정말 그렇다면 어처구니없는 이유가 아닐 수 없다.

이스라엘 민족은 대대손손 그들이 이집트의 노예로 살았던 것을 강조한다. 나라를 잃고 바빌로니아의 포로로 잡혀가 살았던 것을 자라나는 세대들에게 구구이 가르친다. 과거가 부끄러웠다고 해서 가르치지 않는다는 것은 민족과 국가를 자발적으로 해체하는 짓이나 다름없다. 슬프고 부끄럽고 아픈 것이기 때문에 거기서 애국심과 새로운 역사에 대한 의지를 도출할 수 있는 것이다. 나의 경우 내 공직생활의 애국적 기초는 내가 초등학교 5학년 시절, 사회생활 교과서에서 보았던 한 국제수지 그래프였다. 천정까지 치솟은 수입 막대에 비해 그 1/10도 안 되는 키로 바닥에 딱 달라붙은 수출 막대의 초라함이 어린 나를 자극했던 것이다. 초등학교 5학년짜리 아이의 마음에 부끄럽고 가련하고 눈물겨운 조국의 모습이 가슴 한구석에 아픈 기억으로 남아 있지 않았더라면 내 공직생활에서 저 간헐적으로나마 치솟던 열정도 그나마 생성되기 어려웠을 것이라고 나는 지금도 믿고 있다.

또 하나의 오해, 더 뿌리 깊은 오해는 글로벌 시대를 맞이하여 민족적인 것을 강조하는 것은 세계를 향한 개방적인 자세에 역행하는 것이라는 생각이다. 폐쇄적이거나 배타적인 것에 대한 경계는 구태여 오늘날이 아니라 과거 시절에도 필요한 것이었다. 그러나 국제화 시대에 오픈된 마인드를 가져야 한다는 필요성이 자신이 소속된 국가의 환경과 민족적 조건에 대한 애정과 관심을 버리거나 약화시켜야만 가능하다고 생각하는 것은 어불성설이다. 민족의 역사에 대해 배우고 아는 것이 곧바로 폐쇄적이거나 배타적이 된다는 것은 마치 자기 자신에 충실한 것이 타인을 도외시하는 것이 된다고 생각하는 것만큼이나 어처구니없는 논리의 비약이 아닐 수 없다.

그럼에도 불구하고 이런 일차원적 논리가 지난 시절 우리 공직관리 시스템을, 더 나아가 교육계를 지배하고 있었다는 것은 부끄러운 일이다. 오히려 국가적 민족적 여건에서 최선을 다할 때에 거기서 국제적 내지 인류적 차원에서 우리가 기여하고 역할할 소양과 시각이 배양되는 관계임을 분명히 인식할 일이다.

한 가지를 더 지적하자면 그동안 우리나라의 권력은 국사를 강조하고 가르치기에는 스스로의 입지가 정의롭지 못한 경우가 많았다. 역사는 불가피하게 그 시대의 정의를 다루는 것이다. 역사가 중요한 것은 그것이 정의를 다루기 때문이다. 그런데 최고 권력 자체가 정의롭지 못하거나 그런 행적에 연루되어 있을 때 역사를 강조하는 것은 자신의 불의를 표면화하는 일이 된다. 연산군이 자주 사관과 사서를 문제 삼은 것은 대표적인 케이스일 것이다. 미래가 더 중요한데 공연히 다 지나간 일을 가지고 옳으니 그르니 따지지 말자는 무식한 생각이 뒷받침되어 있었다는 가정을 해보는 것은 그 자체만으로도 끔찍한 일이다. 실제 그러지 않았는지 국가적으로 엄중히 자문해볼 일이다.

다시 한 번 이야기하지만 역사교육은 이 나라 공직자들에게 절실히 필요하다. 그것을 소홀히 하여 중심 없는 기능인으로 양성된 공직자들을 배출할 것인가, 민족사의 고비 고비에서 우리가 지은 공과를 분명히 알고 그를 통하여 확실한 중심과 반듯한 가치관을 갖춘 공직자들을 배출할 것인가 국가의 명운을 걸고 신중히 생각해볼 일이다.

작은 조직의 운영원리가
국가 운영의 원리다

한때 승진을 하여 지방에 있는 작은 단위 조직의 책임자로 떠나는 후
배들에게 종종 이런 이야기를 들려주곤 했다.

"작은 조직이지만 공간적으로 분리되어 있는 조직을 맡아 책임 운
영을 해보는 것은 매우 소중한 경험이다. 만약 거기에서 조직운영
의 원리를 완벽히 깨닫기만 한다면 당신은 그 깨달음으로 한 나라
도 운영해낼 수 있을 것이다. 왜냐하면 당신이 그곳에서 터득하
는 원리는 대통령이 국가운영에서 터득하는 원리와 기본적으로
다르지 않기 때문이다. 이번의 경험을 통하여 무엇이 조직원들의
마음을 얻고 잃는 계기가 되는지, 무엇이 사기를 북돋우고 저하
시키는지, 무엇이 구성원들로 하여금 목표를 향해 한마음으로 뭉
치게 하고 흩어지게 하는지 배울 수 있기를 바란다."

세월이 흘렀지만 이 말은 여전히 유효한 것 같다. 국가와 같은 큰 조직이나 스무 명 안팎의 작은 조직이나 양적인 차이는 있지만 흐르는 원리는 결국 같다. 마음들 간의 조응을 만들어내는 점에서 완전한 동질성을 갖기 때문이다. 이를테면 재직 시 많은 문제점을 노출하였던 장관에게 조그마한 조직을 맡겨본다면 어떤 현상이 일어날까? 장관도 해보았던 사람이니 조그마한 조직쯤이야 한 손으로도 넉넉히 운영해낼 수 있을까? 그렇지 않다는 것이 이 이야기의 핵심이다. 그는 그 작은 조직에서도 마찬가지로 많은 문제점을 노출하게 될 것이다. 마음들 간의 조응을 만드는 리더의 능력은 조직의 크기와 무관하게 움직이기 때문이다. 그 반대의 경우도 마찬가지라는 것이 내가 그들에게 들려주었던 이야기다.

세상에는 크고 작은 무수한 조직들이 있다. 그러나 그런 조직의 책임자가 되었다 하여 다들 조직운영의 원리를 깨닫지는 못한다. 그것을 깨닫는 자는 역시 극소수에 지나지 않는다. 그리고 그 극소수는 그것을 깨닫는 순간 그 원리가 더 큰 조직에도 변함없이 적용될 수 있는 보편성을 가진다는 사실을 함께 깨닫는 것이 보통이다. 그러면서 그것을 가능하게 하는 마음의 보편성이라는 것이 참으로 무서운 것임을 느끼게 되는데 그것은 그에게 그런 각성 이전에는 없던 모종의 자신감을 안겨줄 것이다.

물론 이것은 새삼스러운 발견은 아니다. 우리가 익히 들어온 저 "수신제가치국평천하修身齊家治國平天下"가 바로 그것을 말하고 있기 때문이다. 따라서 조그마한 한 조직의 운영원리가 국가의 운영 원리와 다르지 않다는 것을 아는 것은 결국 그것을 넘어 더 높은 차원,

다시 말해서 천하를 다스리는 원리가 다름 아닌 자신의 작은 몸 하나를 추스르는 원리에 맞닿아 있다는 오랜 지혜의 한 자락에 지나지 않는 것이다.

의義로운 것과 이利로운 것

소략하게나마 인간을 두 유형으로 구분하면 의로움(義)을 중히 여기는 인간과 이로움(利)을 중히 여기는 인간으로 나눌 수 있다. 공직자에게 있어서도 마찬가지다. 어떤 공직자는 의로움을 중히 여기고 어떤 공직자는 이로움을 중히 여긴다. 물론 도식적인 분류이기는 하다. 그러나 모든 도식적 분류가 그러하듯이 그것이 가진 위험과 폐단만 피할 수 있다면 그 도식을 통하여 우리는 중요한 시사점을 얻을 수 있다.

공직은 공직이 가진 본래의 속성 때문에 의로움이라는 가치를 벗어나서는 제대로 역할을 할 수가 없다. 따라서 공직은 다른 어느 곳에서보다 의로움을 강조하고 의로움을 기치로 삼고 그것을 통해서 모든 공적 조치의 방향을 찾고 판단과 결정의 준거를 삼아야 하는 것이다. 그러나 정부 수립 이후 우리나라는 정권의 핵심부에서부터 권력의 유지와 장기집권을 위해 의로움이라는 큰 지표를 저버림으로써 공직자들과 공직사회에 대해 의로움을 떳떳이 강조할 기반을 잃어버렸다. 이것이 우리나라 공직사회의 어쩌면 가장 큰 비극이었다. 결국 의로움을 가르치고 강조할 수 없었던 권력은 이로움을 강조하는 쪽으로 나아갈 수밖에 없었다.

의로움의 가치는 멀고 높고 오래 간다. 반대로 이로움의 가치는 그것이 아무리 크더라도 결국은 가깝고 낮고 시간의 흐름 속에서 스러지는 것들이다. 의로움의 가치는 국민들을 멀리 보고 높이 생각하게 하고 향상된 존재로 만든다. 반대로 이로움의 가치는 국민들을 가까운 것만 보게 만들고 손에 만져지는 것에만 반응하게 하며 일희일비하는 존재로 만든다. 의로움은 위대하고 존엄한 국민을 육성하고 이로움은 탐욕스럽고 작은 이익에 민감한 국민을 만든다.

의로움의 기치를 올리고 나라가 그것을 향하여 역량을 모으는 것은 말할 수 없이 중요하다. 나라가 그런 기치를 올리지 못하고 그 속에서 모든 공직의 자세를 올바르게 잡아주지 못하면 모든 것이 흐트러지고 불신이 자리 잡게 된다. 이를테면 공권력의 확립은 얼마나 간절히 거론되어온 주제였는가! 공권력이 무시되고 확립되지 않는 가운데에서 나라의 기강이 바로설 수 없다는 것은 많은 사람들이 우려하였던 바이다.

그러나 공권력의 상징처럼 여겨지는 검찰이나 경찰은 지난 세월 수없이 국가권력 핵심부의 욕심을 보전하는 데에 동원되었다. 긴 세월 동안 국민은 검찰도 경찰도 정의의 길을 걷지 못하고 휜 걸음을 걷는 것을 수없이 목격해왔다. 그 과정에서 국민은 검찰이나 경찰이

정의의 수호자라는 생각을 할 수 없었던 것이다. 그 기억은 오래 남을 것이다. 만약 앞으로 다시는 그런 왜곡된 모습을 보여주지 않는다고 하더라도 그런 이미지에서 벗어나 잃어버린 신뢰를 되찾으려면 나는 최소한 30년의 세월은 더 흘러야 할 것이라고 생각한다. 그만큼 불의의 세월은 국민들의 마음에 보이지 않는 상처를 남긴 것이다. 그것을 생각하지 않고 그저 국민이 공권력 알기를 우습게 안다고 국민을 비난하는 것은 선후를 모르는 일이 아닐 수 없다.

의로움이 단지 국가권력을 둘러싸고만 전개되는 것이 아니지만 그것이 고대 사회, 현대 사회를 막론하고 가장 중요하고 대표적인 의로움의 구현처인 것만은 틀림없는 일이다. 통찰해보면 그 이하의 여러 단위나 개별적인 사안을 둘러싸고도 의로움과 이로움의 문제는 동일하게 전개된다. 어디에 어떻게 의로움의 문제가 걸려 있는지를 알고 그것을 추구할지는 각 공직자들의 문제이지만 국가 최고 권력 스스로가 의로움의 자리에 서서 모범을 보이는 것은 매사에 걸쳐서 의로움을 추구해야 하는 일반 공직자들의 남모르는 고통을 생각하면 너무나도 중요한 환경이 될 것이다.

의로움과 이로움의 가치는 공직 현장에서 자주 그 우선순위를 다투기도 한다. 결론부터 이야기하자면 정당한 것, 국민의식을 위대하게 함양하는 것, 명분이 당당한 것을 추구할 일이지 그와 얽혀 있는 경제적 변수들에 연연하면서 제대로 된 정치를 하려 해서는 안 된다. 그러나 우리 공직 현실에서는 종종 그 우선순위가 뒤바뀌고 있는 것을 볼 수 있다. 어떤 것이 경제에 부담을 준다거나 침체된 경기를 더욱 침체되게 한다거나 하는 이유로 대의를 추구하지 않고 원칙에서 벗어난 방향으로 일이 추진되고 있는 것이 우리 공직사회의 솔직한 현실이다.

경제적인 변수를 최우선 변수로 하지 않을 수 있을 때 소위 백년대계가 가능해지는 것이다. 국가가 다양한 부처들의 의견을 들어 방향을 정립하여야 할 때 가장 적게 고려되어야 할 의견이 있다면 그것은 경제부처의 의견이다. 경제는 좋아질 때가 있고 나빠질 때가 있다. 그것에 연연하여 국가의 큰 원칙을 그르치는 것은 어리석은 짓이다.

중요한 것은 견리사의見利思義, 즉 이로운 것을 보거든 의로운 것인지 생각하는 것이다. 그 반대인 견의사리見義思利, 즉 의로운 것을 보거든 이로운 것인지를 생각하라는 말은 인류사적 지혜의 어디에도 나오지 않는 논리임을 분명히 알아야 한다.

평상의 조직과 비상의 조직

조직에는 평상平常의 조직과 비상非常의 조직이 있다. 고전적 개념에서 얘기하자면 문文을 다루는 기관은 평상의 조직에 해당하고 무武를 다루는 기관은 비상의 조직에 해당한다. 정상적인 국가사회에서는 모름지기 평상의 조직이 전면에 배치되고 비상의 조직은 이선二線에 배치된다. 평상이 선으로 존중되고 비상은 차선의 자리에 있어야 한다. 평상이 드러나 현실을 주도하고 비상은 일정한 수준 이하에서 잠행하고 있어야 한다.

현대 국가사회에서 비상의 조직은 군, 검찰, 경찰, 감사기관, 사정기관, 정보기관 등이 이에 해당한다고 할 수 있다. 평상시에는 평상의 조직이 존재감을 드러내고 활발히 활동하는 것이 옳다. 그런 시기에 비상의 조직이 존재감을 드러내고 활동한다는 것은 바람직하지 않고 그 자체가 불길한 일이다. 그 점에서 중앙정보부의 초대 부장을 지낸 김종필 씨가 정보부의 좌표로 "음지에서 일하고 양지를 지향한다"를 내세운 것은 조직의 성격을 관찰함에 있어 그다운 균형감각을 보여주는 것이었다.

그러나 국가사회에 평상의 시기만 있는 것이 아니라 비상의 시기라는 것이 있다. 전쟁, 내란, 천재지변 등의 재난, 경제공황 등이 그런 시기다. 그때는 부득이 비상의 조직이 존재감을 드러내고 활약을 하게 된다. 우선순위도 도치되어 비상의 조직이 전면에 나와 활약하고 평상의 조직은 비상 조직의 지휘를 받는다. 물론 그것은 일시적이다. 비상의 조직은 역할이 다하면 평상의 조직에 자리를 내어주고 원래의 자리로 돌아가야 한다. 전국시대를 효율적으로 다스리고 최종적으로 정리한 것은 비상의 조직, 즉 진秦나라의 막강한 군사조직이었다. 그러나 천하통일이 이루어진 다음 진나라는 급속히 한漢나라의 평상적인 조직에 바통을 넘겨줄 수밖에 없었다.

만약 한 국가사회가 임시적이 아니라 상시적으로 비상의 조직으로 하여금 평상의 조직보다 우선된 위상을 차지하고 존재감을 과시하며 활동케 한다면 그것은 그 국가사회 자체가 상도常道를 잃고 병적 상태에 빠져 있다고 보아 틀림없을 것이다. 북한의 선군先軍정치는 그 가장 단적인 예다. 그들이 선군정치를 주창하였다는 것은 북한이라는 국가가 바야흐로 정상적 상태에서 벗어나 돌이키기 어려운 비정상적 궤도에 진입하였다는 것을 공식 천명한 것이나 다름없는 일이었다. 지난날 우리 역사를 돌아보더라도 평상의 조직을 육성하여야 할 단계에서 이승만 정권은 경찰조직에, 박정희 정권은 군조직과 정보조직에 각각 명운을 의존한 것이 결국 정권 자체의 비극적 결과를 초래한 원인이 되었던 것이다.

평상의 조직을 운영하는 원리는 유가적儒家的인 원리다. 비상의 조직을 운영하는 원리는 법가적法家的인 원리다. 따라서 평상의 조직을 법가적인 원리에 좇아 운영하거나 비상의 조직을 유가적 원리에 좇아 운영하는 것은 조직의 생리를 거스르는 것이 된다. 그렇게 되면 부적응이 발생하고 결국에는 조직이 그 어그러짐을 받아들이지 못하여 도처에서 괴리가 발생하게 된다. 유신헌법이나 그에 후속된 일련의 긴급조치들 그리고 80년대 신군부에 의해 고안된 제5공화국 헌법은 전형적인 법가적 원리를 담고 있었다. 마치 동맥의 혈관에 정맥의 피가 흐르는 것 같은 반생리적 체제가 모든 방면에서 괴리를 낳는 것은 너무나도 당연한 일이었다.

국가의 다양한 조직들이 가지는 원초적 입지를 그 시대의 기상과 관련하여 슬기롭게 통찰하고 적정하게 운영하지 못하면 결과는 항상 비극적으로 나타난다. 그 점에서 한 시대의 지도자는 반드시 그 시대의 기상을 읽을 줄 알아야 한다. 깊은 사려를 통해서든지 혹은 최소한 경험적 직관을 통해서든지.

공직 리더십 속의 명상

조그마한 조직을 경영하는 데에서나 큰 조직을 경영하는 데에서나, 더 나아가 한 국가를 경영하는 데에서나 리더가 경영의 최고봉에서 행하는 궁극적인 행위가 무엇일까? 누가 나에게 묻는다면 나는 그것이 명상이라고 말할 것이다. 개별적인 사안에 대한 소소한 판단을 넘어 조직이나 제도가 움직여나가는 데에 있어서 포괄적으로 상황을 진단하고 총체적인 전망을 그려보며 거기에서 가능한 것과 불가능한 것을 가리고 새로운 출로를 모색하는 과정에서 리더는 불가피하게 명상의 단계를 거친다.

명상이라는 말은 아주 적절한 표현은 아닐지도 모른다. 그 말에 뒤따르는 이미지, 개인적이고 고답적이고 다소 낭만적인 이미지는 공직 경영과는 거리가 있어 보일 것이다. 어쩌면 숙고나 구상 정도로 대체할 수도 있겠지만 숙고나 구상은 너무 평범한 말이 되어 리더가 경영의 최고봉에서 갖는 사유의 특이성을 담는 데에 한계가 있어 보인다. 경영의 최고봉에서, 어떤 한 사유도 다른 사유들과 분리되지 않은 가운데 늪 같은 고민의 깊음과 무한대를 전망하는 맹금猛禽의 안광이 교차하는 저 시간들을 표현할 용어가 별로 많지 않은 것이다.

아마 많은 리더들은 그것이 무슨 말인지 이해하고 인정할 것이라 생각한다. 경험적으로 볼 때 명상은 능동적인 것이라기보다는 오히려 수동적인 것이다. 명상은 하는 것이라기보다 하게 되는 것이기 때문이다. 조직을 책임지고 있다는 그 막중한 책임감 속에서 자신을 조직과 제도의 운명적인 키잡이로 인식할 때 자신도 모르게 빠져드는 것이 저 명상인 것이다.

지난날 종종 심각한 정치적 상황이 전개될 때 중요한 정치인이 시간적으로나 공간적으로 방해받지 않는 여건을 인위적으로 만들고 거기에서 소위 정국 구상이라는 것에 들어가던 것을 기억할 것이다. 그들은 정치인들이었기 때문에 다분히 정치적 효과를 겨냥한 작위적 제스처였을 수도 있다. 그러나 그것이 단지 제스처였다 하더라고 경영의 최고봉에는 항상 독특한 명상적 요소가 배치되어 있기 때문에 그런 일도 가능했던 것이라 할 수 있다.

실제 조직 경영에서 일부러 방해받지 않는 시간과 공간을 설정한다는 것은 어려운 일이다. 또 원리적으로 반드시 그래야 하는 것도 아니다. 명상은 리더에게 오히려 일상적인 것이다. 다시 말해서 리더는 분주하고 소소한 관심들의 한켠에서 일종의 멀티태스킹처럼 명상을 유지하게 되는 것이 보통이다. 리더급 경영자에게 일반 조직원과 달리 복잡하고 비좁은 사무공간이 아니라 조용하고 격리된 집무

공간이 제공되는 것도 바로 그 명상의 필요성이 암묵리에 인정된 결과인지도 모른다. 사람들은 리더가 무엇을 하는 사람인지를 알기 때문에 그들의 명상과 그에 따른 집중 내지 침잠沈潛을 배려하고 있는 것이 아닐까?

물론 모든 리더가 명상을 수행하는 것은 아니다. 실제를 말하자면 그것은 극히 일부의 리더에게서만 가능한 것인지도 모른다. 리더로서의 능력과 자질이 여기에서도 차별적으로 작용하는 것은 당연한 일이다. 그러나 가장 무능한 리더라 할지라도 일단 자신이 조직의 모든 것, 때로는 한 시대의 과제를 책임지고 있다는 사실을 인정하는 한에서는 여기서 말하는 명상과 간접적 내지 부정적인 연관성이라도 가지고 있는 것 또한 사실이다. 그 점에서 명상은 리더에게 있어서 유무의 문제라기보다 단지 강도의 문제일 수도 있다.

리더가 갖는 명상의 가장 전형적인 형태ideal type는 모세에게서 발견할 수 있다. 그는 홀로 시내산에 들어갔고 그 산에서 가진 40일간의 명상은 이스라엘 민족에게 큰 전기가 되었다. 그가 내려왔을 때 사람들은 그의 얼굴에서 광채를 보았다. 종교적 사례와 국가 제도 운영이라는 세속적 사례를 하나의 장에서 논하는 것은 무리라 생각할는지도 모르겠다. 그러나 모세의 경우는 종교적 리더이기도 했지만 동시에 정치적 리더이기도 했다. 또한 요순우堯舜禹 등 동양의 제왕들도 바로 그런 양측면을 모순 없이 그들의 인격에서 일체화하고 있는 경우들이었다.

물론 제정祭政이 일치되고 있던 시대의 원리를 오늘날에 그대로 원용하는 것은 무리일지도 모른다. 그러나 단지 세속적 형태라 할지라도 특히 공직에는 일련의 종교적 차원이 남아 있다. 이 점이 공직이 민간 조직과 크게 차이 나는 점인데 명상에서 오는 근원을 알 수 없는 힘은 모든 공직을 달무리처럼 감싸고 있는 특별한 사명감 속에서 여전히 현실적 영향력을 발휘하고 있다. 리더의 명상은 그의 리더십에서 그 결과를 드러낸다. 모세의 얼굴에 나타났던 광채, 이스라엘 사람들을 두렵게 하였던 그 요소를 현대 공조직의 리더에게서 발견하는 것은 크게 어려운 일이 아니다. 따라서 리더에게 그것을 요구하는 것은 전적으로 정당한 것이다. 만약 그것을 부인한다면 우리는 왜 어떤 리더는 구성원들로부터 존경을 받고 왜 어떤 리더는 무시당하는지 설명할 수 없을 것이다. 남몰래 진행되는 명상과 이윽고 그로부터 야기된 빛나는 광채를 드러낼 수 없는 리더는 스스로를 중심으로 조직을 견인할 힘을 가질 수가 없다. 반대로 그런 힘을 구사할 수 있는 리더는 강한 구심력을 갖출 수 있는 것이다. 바로 그런 원리에서 공자는 일찍이 이렇게 말했다.

> 덕으로써 정치를 하는 것은 비유하자면 북극성이 제 자리를 지키고 뭇 별들이 그를 둘러싸고 도는 것과 같다.(『논어』 위정/1)
>
> 爲政以德, 譬如北辰居其所, 而衆星共之.

북극성은 가만히 있지만 가만히 있는 것이 아니다. 어느 한 별도 무관하지 않게 어느 한순간도 쉼 없이 북극성은 뭇 별들을 견인하고 있는 것이다. 조직에 있어서는 리더가 형성하고 배치하는 명상의 힘이 그 신비한 역할을 하는 것이다. 리더가 스스로 내밀히 출입하고 있는 저 명상과 거기에서 길어올려지는 예지가 있는 한, 그리고 그 명상을 유지하는 긴장이 팽팽히 견지되고 있는 한, 그 조직은 또 그 나라는 결코 느슨해지지 않을 것이다.

강력한 리더십은 강력한 소용돌이를 몰고 가는 태풍의 고요한 중심과도 같다. 원초적으로 그것은 눈에 띄지 않는 작은 저기압이었을 뿐이다. 진실이 만드는 저기압이 살아 있다면 못할 것이 없다. 단지 그것을 비현실적인 것으로 치부하면서 우리의 현실은 따로 있다고 비웃을 때, 그것을 한갓 이론으로 치부하면서 우리의 실제는 달리 움직이고 있다고 비웃을 때 우리는 무력해질 뿐이다.

임기직 공직자의 진정한 임기는
퇴임일로부터 시작한다

"모든 임기직 공직자의 진정한 임기는 퇴임일로부터 시작한다."

오랜 기간에 걸쳐 많은 임기직 공직자들의 등장과 퇴장을 지켜보며 나는 언젠가부터 이 말을 혼자 생각해왔다. 재임기간 중 객관적인 비판과 평가를 한다는 것은 이 나라에서는 아직은 시기상조이기 때문일까? 아니면 공직을 안정되고 권위 있게 유지하기 위한 최소한의 장치로 모든 조직원들이 평가를 자제해온 탓일까? 어쨌든 재임 시에는 일정한 수면 아래에 숨어 있던 비판과 평가는 당사자의 퇴임과 더불어 그 숨길 수 없는 모습을 드러낸다.

임기직 공직자에는 위로 대통령으로부터 국회의원이 있고 광역자치단체장, 기초지자체장이 있는가 하면 각종 정부 산하단체장, 지

자체 산하단체장 등이 있다. 또 비록 임기가 정해져 있지 않더라도 사실상 한정된 기간에 걸쳐 복무하게 되는 장관이나 각 부처 소속기 관장등도 임기직 공직자들과 크게 다르지 않게 퇴임 후 평가를 받게 된다. 만약 모든 임기직 공직자들이 퇴임 후에 그가 몸담고 있던 조직에서 형성되는 그에 대한 평가를 있는 그대로 미리 모니터링할 수 있다면 그 평가가 얼마나 객관적이고 정확하고 또 가차 없는지 놀라지 않을 수 없을 것이다.

이런 측면은 모르겠지, 이런 측면은 충분히 가려져 있어 드러나지 않겠지, 이런 측면은 좋은 의미에서 해석되겠지. 이런 측면은 나의 불가피했던 입장을 충분히 고려하겠지. 그러나 퇴임이 만들어내는 권력의 진공 지대는 이런 모든 것을 밀치고 전모를 남김없이 드러내고 만다.

"그 사람은 재임 중에 무엇 하나 한 것이 없어. 취임 시에 그의 앞에 쌓여 있던 문제들은 퇴임 후에도 여전히 쌓여 있고 그는 그 주변을 빙글빙글 맴돌며 주어진 시간만 보내다가 가고 말았어."

"그는 도대체 어디에 어떤 문제가 있는지 파악조차 하지 못했어. 그러니 뭘 해야 할지도 몰랐던 게지. 목표를 정하여 달리지 못하고 결국 아무것도 아닌 시시한 잡음들에 휘말려 허송세월만 하고 말았지."

"그는 엉뚱한 발상으로 별 효과도 없는 사업목표를 정해놓고 조직원들을 몰아갔지. 여러 사람이 재고를 건의했지만 막무가내였어. 아무도 동의해주지 않는 그런 소신은 무소신보다 나을 것이 없는 매우 피곤한 소신이었지."

"그는 해야 할 일이 무엇인지도 잘 알고 있었지만 그것을 추진할 때 발생할 시끄러운 소리를 감당할 의지가 아예 없었어. 전임자도 못했던 일을 구태여 내 재임중에 해야 할 이유가 없다고 생각했던 것이지. 결과적으로 그는 캐리어 관리만 하며 안전하게 이 기간을 보내고 이 자리를 더 좋은 자리를 찾아가는 발판으로만 삼았던 셈이지."

"그는 열심히 한다고 했지만 일을 풀어나가는 방법을 몰랐어. 공연히 여론만 분열시키고 사단만 일으켜 일을 매듭짓지도 못하고 조직과 국가에 부담만 안기고 말았지."

"그는 자신이 이 조직을 좌지우지한다는 사실에 너무 집착하여 조직원들의 능동적 역량을 계발하고 집약하여 일의 추동력으로 만들어 나가지 못했어. 하라면 하는 척하고 말라면 마는 척하는 피동적 문화가 이 조직에 만연된 것은 그 사람 때문이야."

열거하자면 어찌 이런 사례들뿐이겠는가. 물론 좋은 평가도 없지 않겠지만 퇴임 후에야 그 실체가 드러나는 이런 평가를 생각하면 임기직 공직자의 자리는 본질적으로 가시방석이 아닐 수 없을 것이다.

임기직 공직자의 진정한 임기가 퇴임일로부터 시작한다는 이 역설을 생각하면 임기직 공직자에게 요구되는 중요한 자질 중 하나는 자신에게 내려질 비판과 평가를 스스로 엄중히 인식하고 재임 중에 스스로를 끊임없이 고쳐가는 반성적 역량일 것이다. 드물기는 하지만 그것은 필요하고 또 가능하다는 것을 믿을 필요가 있다. 원리적으로 보면 다과의 차이는 있을지언정 최악의 공직자도 그 정도의 역량은 가지고 있다는 것을 우리는 주변에서 자주 발견할 수 있기 때문이다.

진정으로 성공하는 인생은 삶의 순간순간에 집착하기보다 죽은 다음에 자신이 남들에 의해 어떻게 기억될 것인가를 생각하고 사는 데에서 가능하다고 생각한다. 그래서 이천오백여 년 전 공자는 이런 본질을 통찰하고 다음과 같은 말을 남겼다.

> 군자는 생애를 다하고 나서 이름이 일컬어지지 않을까 우려한다.(『논어』공야장/20)
>
> 君子疾沒世而名不稱焉.

임기직 공직자가 공직자로서 성공하는 비결도 그와 본질적으로 다를 바 없을 것이다.

영원한 공직

1574년 율곡 이이 선생은 선조 임금에게 아주 긴 상소문 하나를 올렸다. 훗날 〈만언봉사萬言封事〉라는 이름으로 역사에 남은 이 상소문의 한 대목에서 율곡은 다음과 같은 이야기를 하고 있다.

…… 전에 제가 승정원에 있을 때 호조의 공안을 가져다 보니 여러 가지 공물貢物이 정해진 것이 모두 홍치 신유년에 확대하여 정해졌던 것으로 지금도 그대로 쓰여지고 있습니다. 그때를 따져보니 바로 연산군 때였습니다. 저는 자신도 모르게 문서를 덮고 긴 한숨을 쉬며 "어찌 이럴 수가 있나! 홍치 신유년이면 지금으로부터 74년 전인데 그 뒤로 성군이 위에 계시지 않았던 것도 아니고 어진 선비가 조정에 없었던 것도 아닌데 이런 법이 어찌 지금까지도 개혁되지 않고 있는가?" 하고 한탄했습니다. …… 지금

에 와서는 여러 고을의 공물이 그곳에서 생산되지 않는 것이 대부분이어서 다른 고을에서 사오거나 서울에 있는 시장에서 구입하여 바치지 않을 수 없습니다. 게다가 가구수는 점점 줄어들고 들판은 더욱 황폐해져서 예전에 백 사람이 바치던 분량을 지난해에는 열 사람에게 부담시키고 지난해에 열 사람이 바치던 분량을 올해는 한 사람에게 부담시킵니다. 그 기세가 마치 마지막 한 사람마저 없어지고 난 뒤라야 그칠 형국입니다. 오늘날 공물제도를 바로잡아야 한다는 얘기만 나오면 사람들은 선대 임금께서 정하신 법이라 함부로 고쳐서는 안 된다고 핑계를 댑니다. 비록 그 법이 선대 임금께서 정하셨다 하더라도 백성들의 곤궁이 이 지경에 이르렀다면 바꾸지 않을 수 없습니다. 하물며 연산군 때에 더 거두어들이기 위해 고친 법 아닙니까? …… 여러 고을에서 지금도 그 물건이 나는지 안 나는지, 농사짓는 땅은 얼마나 되는지, 가구수가 줄었는지 늘었는지 살피고 그에 따라 세금의 양을 새로 정하여 형평을 되찾아야 합니다. 오늘의 일로서 이보다 더 시급한 일은 없습니다.

조선시대 최대 개혁과제로 수백 년에 걸쳐 추진되었던 저 대동법大同法의 맹아기 문제점을 이야기한 것이다. 오늘날이야 대동법이 문제가 되는 세월은 아니니까 우리와는 무관한 문제라고 생각할 수도 있을 것이다. 그러나 과연 무관할까? 돌아보면 과제의 내용과 양상은 달라졌다 하더라도 국가사회가 다루어야 할 과제의 문제점은 예나 지금이나 본질적으로 달라진 것이 없다. 우리 현실에는 율곡이

어이없어 했던 저런 비현실적인 제도가 없을까? 내가 보기에는 숱하게 있다. 우리 공직사회에는 당시와 같은 이런저런 핑곗거리가 없을까? 역시 숱하게 있다.

국가 현실을 둘러싼 문제점만으로 보면 440년 세월은 아무런 차이도 아닌 것처럼 그때가 바로 오늘이고 오늘이 바로 그때라는 생각이 든다. 겹치는 것은 그것만이 아니다. 근본을 따져보면 세종대왕도 공직자였고 연산군도 공직자였다. 이순신도 공직자였고 이완용도 공직자였다. 정약용도 공직자였고 조병갑도 공직자였다. 그리고 오늘날 우리도 공직자들이다. 까마득한 과거에서부터 지금에 이르기까지 우리 공직자는 이 땅에 사는 무수한 사람들 앞에 선 사명의 사람들로 제가끔의 시대를 복무했고 또 복무하고 있는 것이다.

시대의 부침이 있었다고는 하나 그 어느 때도 공직자가 마음 편히 세월을 보낼 수 있었던 때는 없었다. 율곡의 시대는 나라 운명이 풍전등화와 같던 임진왜란 전야였지만 지금은 치욕적인 분단의 시대다. 생각하면 우리는 한순간도 위기가 아닌 순간이 없었던 긴 역사의 생장점에 처해 있는 것이다. 무수한 공과로 얼룩진 역사는 지금도 간단없이 쓰여지고 있다.

그런 역사의 생장점에서 나는 우리나라 공직자들이 가지고 있는 저마다의 진심을 믿는다. 이 순간도 적지 않은 공직자들은 제 나름의 진심에서 나라와 국민을 위하여 정성을 기울이고 고군분투하고 있다. 32년 공직 현장에서 나는 그것을 거듭 확인할 수 있었다. 맡은 직무가 크든 작든 공직자들이 나라를 생각하고 국민을 생각하는 그 진심은 어느 곳에서나 샘물처럼 보이지 않게 솟아나고 있었다. 그 마음을 느끼고 신뢰한다는 점에서 공직에 관한 나의 기본적인 생각은 성선설性善說이다.

그러나 그 모든 의욕은 매순간에 걸쳐 그 의욕을 무산시키려는 유혹과 위협에 둘러싸인 것이었다. 우리의 의욕을 꺾고 우리를 작고 무력한 존재로 만들려고 하는 안팎의 여건은 어디에나 있었고 그것은 우리의 숨은 진심을 겨자씨보다 작게 위축시키곤 했다.

그러나 어떻게 할 것인가? 그래도 우리가 기대할 수 있는 것은 그 외로운 진심밖에 없다는 것을 나는 말해두고 싶다. 돌이켜보면 나라가 위기에 빠졌을 때나 캄캄한 암흑기를 지나고 있을 때에나 끝까지 버티고 잔명을 이어온 것은 거짓과 허세에 빠져 있던 권력이 아니라 겨자씨보다 작았던 그 진심들이었다.

나는 이 땅의 움츠러들고 기죽은 모든 공직자들에게 당부하고 싶다. 뜻대로 되지 않는다고 해서 절망하지 말고 애초의 그 순수한 마음을 잃지 않기를 바란다. 지치지 말기를 바란다. 좌절하지 않기를 바란다. 참고 기다리며 그 진심을 유지하기를 바란다. 공직을 떠난 이후까지도 그 마음이 시들지 않기를 바란다. 어렵고 힘든 여건은 결코 지금만이 아니기 때문이다. 우리가 겪고 있는 무력감과 절망감은 우리만 겪고 있는 것이 아니라는 것을 알아야 한다. 먼지 쌓인 공안을 펼쳐 들고 탄식하던 이율곡도 겪었고 조광조도 이순신도 어쩌면 더 아득한 절망감으로 겪었던 것임을 기억할 필요가 있다. 그들이 그 암담함 속에서 지켰던 것들이 누가 알아주고 기억해주어서였겠는가? 아닐 것이다.

우리 또한 마찬가지다. 우리가 지켜나가는 진심을 과연 누가 그것을 알아주고 기억해줄까? 아무도 없을지도 모른다. 우리가 공직을 모두 마치고 떠나 그 세월을 되돌아본다면 과연 무엇이 보이겠는가? 회한과 좌절, 메아리 없던 외침들, 강요되던 굴종, 때로는 참기 어려운 모욕, 끝없이 밀려오던 무력감 그런 모든 것들이 먼 소실점처럼 가물거리지 않겠는가?

박종원 감독의 영화 〈영원한 제국〉의 마지막 부분에 보면 정조대왕의 개혁시도에 참여했던 규장각의 한 말단 관리 이인몽의 노후 모습이 나온다. 조무래기들을 가르치는 시골 서당의 훈장이 되어 회고록을 쓰며 먼 산등성이 위 흘러가는 흰 구름을 바라보던 그의 모습에서 나는 우리 모든 공직자들의 마지막 모습을 보는 듯했다. 불가피하게 우리도 그럴 것이다.

우리가 공직의 순간순간에 기울였던 정성들은 흐려지는 기억 속에 꿈결처럼 남을 것이다. 온갖 시시비비와 분노와 한숨도 마치 그런 일이 있기는 있었던가 싶을 만큼 까마득히 멀어질 날이 올 것이다. 모든 유한한 것들의 피할 수 없는 운명이다. 그러나 삶의 모든 유한한 것들에는 무한한 것, 영원한 것이 지나간 자취가 남아 있다. 영원한 것은 영원히 우리들의 등 뒤에 있기 때문에 우리는 그 모습을 볼 수가 없다. 다만 그것이 지나간 자취를 유한한 것에서 발견할 수 있을 뿐이다. 그것은 마치 황량한 가을 벌판의 어지러움 속에 눈에 띄지 않게 떨어져 있는 한 알의 작은 씨앗과도 같다. 너무 작아 티끌처럼 보이기도 하지만 어쩌면 그것이 우리 공직자들의 고단한 삶을 밀어왔던 전부였을지도 모른다. 벌판의 다른 모든 어지러운 것들은 썩어 흙으로 돌아가겠지만 티끌처럼 보이는 그 작은 씨앗은 남아 겨울을 버틸 것이다. 그리고 언젠가 다시 꽃 피어 이윽고 긴 들판을 끝 간 데 없이 꽃으로 뒤덮는 찬란한 봄날을 꿈꿀 것이다.